MÚSICA, EDUCAÇÃO E INFORMÁTICA

gênese e construção de
conceitos musicais na escola

Eliton Pereira

editora **ifg**

ISBN 978-85-67022-00-0

© 2013 Instituto Federal de Educação, Ciência e Tecnologia de Goiás.

© 2018 2ª Reimpressão autorizada pelo autor.

P436m   Pereira, Eliton P. R, 2013
          Música, educação e informática: gênese e construção
          de conceitos musicais na escola/ Eliton Pereira. 1ª Ed.
          - 2ª Reimpr. - Goiânia: IFG, 2018.
          176p.: il.

          ISBN 978-85-67022-00-0

          1. Educação musical.   2. Informática educativa.
          3. Construção de conceitos.   4. Escola pública.
          5. Socioconstrutivismo.   I. Pereira, Eliton   II. Título

                                             CDD 780.7

                    Catalogação na publicação:
          Maria Aparecida Andrade de Oliveira Tsu – CRB /1–1604

INSTITUTO FEDERAL DE EDUCAÇÃO, CIÊNCIA E TECNOLOGIA DE GOIÁS
EDITORA IFG
Avenida Assis Chateaubriand, 1.658
Setor Oeste
74130–012
Goiânia/GO

BRASIL

Sumário

Lista de Quadros — 7

Lista de Tabelas — 8

Prefácio — 9

Introdução — 11

A relação entre a tríade: música, educação e informática — 15

Conceituação e contextualização — 17
Música e informática — 21
Música eletrônica *versus* eletroacústica — 23

Educação escolar e informática — 26
As bases da informática educativa no Brasil — 31
O ProInfo em Goiás — 34

Educação musical e informática — 38
Pressupostos da educação musical — 38
Swanwick e seu modelo para análise do desenvolvimento musical — 44
Questões emergentes em educação musical escolar no uso de novas tecnologias — 50

Contribuições do Socioconstrutivismo — 55

Vigotsky e o socioconstrutivismo — 56
Construção *versus* instrução na informática educativa — 60
Zona de desenvolvimento proximal, pensamento e linguagem — 66

Análise microgenética e construção de conceitos — 73
Análise microgenética — 74
Fundamentos da construção de conceitos em Vigotsky — 82
Análise microgenética da construção de conceitos musicais — 91

Recursos computacionais e ensino de música na escola — 97

Possibilidades do ensino musical multimidiático — 98
Softwares educativos musicais — 103

O uso do *software* no ensino musical escolar — 108
Softwares educativos musicais sugeridos para a escola — 108
O *software* educativo MegaLogo — 111

PROCEDIMENTOS METODOLÓGICOS   **113**

CONTEXTO DA ESCOLA E PERFIL DOS ESTUDANTES PARTICIPANTES   **114**
A ESCOLA   114
PERFIL DOS PARTICIPANTES   115

SESSÕES/AULAS   **119**

PROCEDIMENTOS DE ANÁLISE   **121**
CATEGORIAS PARA ANÁLISE MICROGENÉTICA DO DESENVOLVIMENTO DE CONCEITOS MUSICAIS   121
ESTRUTURA DE ANÁLISE DAS FILMAGENS   121

ANÁLISE DOS DADOS E DOS RESULTADOS   **123**

ANÁLISE DOS DADOS   **123**
ANÁLISE MICROGENÉTICA: PARTICIPANTE JB   124
ANÁLISE MICROGENÉTICA: PARTICIPANTE JP   133
ANÁLISE MICROGENÉTICA: PARTICIPANTE EL   135
ANÁLISE MICROGENÉTICA: ENTREVISTA FINAL COM OS PARTICIPANTES JB, JP E EL   139

RESULTADOS   **144**

CONSIDERAÇÕES FINAIS   **155**

REFERÊNCIAS BIBLIOGRÁFICAS   **163**

LISTA DE QUADROS

QUADRO 01
INTEGRAÇÃO DAS ÁREAS QUE CONTEMPLAM A INFORMÁTICA EDUCATIVA MUSICAL — **18**

QUADRO 02
QUADRO COMPARATIVO ENTRE MÚSICA ELETRÔNICA E MÚSICA ELETROACÚSTICA — **25**

QUADRO 03
MITOS E PROBLEMAS EM INFORMÁTICA EDUCATIVA — **29**

QUADRO 04
TRANSFORMAÇÕES METAFÓRICAS MUSICAIS — **46**

QUADRO 05
SÍNTESE DAS CARACTERÍSTICAS DO DESENVOLVIMENTO MUSICAL — **47**

QUADRO 06
COMPARAÇÃO DAS ABORDAGENS INSTRUCIONISTA E CONSTRUCIONISTA EM EDUCAÇÃO INFORMÁTICA — **63**

QUADRO 07
HEURÍSTICA PARA AVALIAÇÃO DE QUESTÕES DE APRENDIZADO NO USO DE SOFTWARE PEDAGÓGICO — **64**

QUADRO 08
RELAÇÃO ENTRE ZONA DE DESENVOLVIMENTO PROXIMAL E NÍVEIS DE DESENVOLVIMENTO REAL E POTENCIAL — **67**

QUADRO 09
TAXONOMIA BASEADA NA PROPOSTA DE FRITSCH PARA SOFTWARES EDUCACIONAIS — **104**

QUADRO 10
DESCRIÇÃO DE PERFIL DOS TRÊS ESTUDANTES PARTICIPANTES DA PESQUISA ESCOLHIDOS PARA SEREM ANALISADOS MICROGENETICAMENTE — **117**

Lista de Tabelas

Tabela 01
Resumo de investimentos realizados pelo ProInfo de 1997 a 1999 (em milhares de reais) 35

Tabela 02
Estrutura de atendimento às escolas pelo ProInfo 37

Maria Helena Jayme Borges[*]

Aprofundar questões relativas ao processo de ensino-aprendizagem da música, pontuar a relevância da implementação música/informática na escola, bem como realizar uma aplicação empírica de um *software* no processo de ensino musical em escola pública de educação básica é o objetivo deste livro.

Acredito que o envolvimento do autor com esta obra é fruto não apenas de sua curiosidade, mas também da conscientização do que é a dimensão social da pesquisa e do pesquisador, o discernimento de que somente quando percebemos os diferentes aspectos da realidade pesquisada como partes de um processo maior, social, é que conseguimos enriquecer nosso trabalho, apontar perspectivas, descobrir novos caminhos.

A conscientização da dimensão social da pesquisa o leva então a estabelecer e aprofundar um diálogo entre o saber artístico-musical e a realidade tecnológica contemporânea, configurada pelo uso do computador e pelas crescentes inovações no campo da informática. Essa é a grande contribuição de seu trabalho para a área de educação musical, pois a sociedade midiática atual exige dos profissionais em atuação nas escolas um preparo diferente para lidar com alunos nascidos e criados em meio a transformações tecnológicas e culturais, salientando que as mudanças acontecem não só no campo da tecnologia, mas também nas dinâmicas sociais.

Esses alunos atuais, sujeitos das escolas de ensino fundamental, são

---

[*] Doutora em Educação Escolar pela UNESP – Universidade Estadual Paulista Júlio de Mesquita Filho (2001), Campus de Araraquara/SP. Mestre em Educação Escolar pela Universidade Federal de Goiás (FE – 1996), Especialista em Cultura de Paz pela UNESP/Araraquara (2003), Especialista em Técnicas Pianísticas pela UFG (1981), Bacharel em Instrumento – Piano – pela Universidade Federal de Goiás (1976). Atualmente ocupa o cargo de Professor, Classe Associado, Nível II, da Universidade Federal de Goiás. Atua na área de Educação, com ênfase nos seguintes temas: Arte-Educação, Didática, Formação de Professores, Relação Professor/Aluno. É autora do livro "A Música e o Piano na Sociedade Goiana (1805–1972)", publicado pela Fundação de Apoio à Pesquisa – FUNAPE/UFG.

portadores, também em função das novas mídias, de novas formas de ver e estar no mundo. Desenvolveram novas formas de aprendizagem, de socialização, de partilha, e, portanto, exigem outra atuação dos professores.

Acredito que, via de regra, os professores não são preparados para o trabalho em uma sociedade midiática, na qual a comunicação assume uma posição cada vez mais estratégica como cerne cultural e, por isso mesmo, interfere nos cotidianos escolares, nos processos de ensino e aprendizagem da música e nas formas como a elaboramos e a reelaboramos. Assim sendo, as funções da escola como um todo, e, em especial, a atuação dos professores de música, precisam ser revistas, analisando-as à luz do que vivenciamos hoje, do que a sociedade atual nos apresenta, do como estamos nos construindo enquanto pessoas.

Ao perceber um hiato no diálogo entre as áreas de educação musical e novas tecnologias, o autor busca uma construção que permita a aproximação entre essas áreas e se propõe a discutir o ponto que lhe interessa: o trabalho com educação musical em sociedades midiáticas, em que as crianças aprendem de outras formas e no qual se exige um repensar na atuação dos professores de música. Ele nos convida a sermos mediadores da leitura que as crianças e adolescentes fazem dos produtos midiáticos, sinalizando que esta mediação nos faz colaboradores no desenvolvimento de posturas crítico-reflexivas, a favor de uma sociedade mais igualitária e inclusiva.

Ao trazer o computador para o centro do debate em nossas escolas, principalmente no que tange ao processo de ensino musical em escola pública de ensino básico, o autor nos convida a continuar caminhando em direção a possibilidades crescentes de ensino e aprendizado sem nos distanciarmos, obviamente, da função precípua da escola: ensinar a pensar.

A busca por uma educação significativa exige do educador consciente a necessidade de recontextualizar os conteúdos do processo de ensino-aprendizagem e descobrir metodologias atualizadas que se ajustem às mudanças de uma sociedade em constante desenvolvimento. Para isso, além de utilizar recursos atualizados com as realidades emergentes, deve procurar adequar-se às estruturas instituídas, visando a reduzir gastos e, ao mesmo tempo, a garantir o desenvolvimento integral de seus educandos. Nesse sentido, os conteúdos objetivos e subjetivos de formação na educação musical necessitam de processos que sejam atualizados e tornem o saber artístico-musical consoante com a realidade tecnológica contemporânea, configurada pelo uso do computador e pelas crescentes inovações no campo da informática.

No âmbito da produção musical contemporânea, os recursos computacionais são empregados na composição, na apreciação, na manipulação e na verificação do comportamento dos sons e de seus parâmetros físicos. Eles podem ser usados para aproximar os estudantes de música, mediante a abordagem da grafia musical tradicional, de períodos histórico-musicais e estilos contemporâneos, possibilitando ainda a experimentação sonora, a improvisação e a criação musical.

Atualmente, os aparatos multimidiáticos e *softwares* pedagógico-musicais são livremente comercializados nos centros europeus e norte-americanos. Nestes centros, já existe uma cultura de "ensino musical trabalhado com tecnologias computacionais" (CAESAR, 1999, p. 54).

No Brasil, a relevância do conhecimento musical na formação do cidadão é referendada pela Lei de Diretrizes e Bases da Educação de 1996 (LDB/1996) e Parâmetros Curriculares Nacionais de 1997 (PCNs/1997). De acordo com os PCNs (BRASIL, 1997b), a informática pode servir ao contexto brasileiro de ensino básico e ser um instrumento de mediação útil para o desenvolvimento de atividades pedagógicas. Essa realidade já é um fato consolidado na rede pública de ensino básico, por meio dos laboratórios implementados inicialmente pelo Programa Nacional de Informática Educativa (ProInfo) e, posteriormente, por outros programas do

Ministério da Educação, que têm instalado e mantido laboratórios com computadores nas escolas da rede de ensino básico.

Motivados pela necessidade emergente da inclusão digital, professores, pedagogos e pesquisadores têm procurado realizar estudos, envolvendo o uso pedagógico do computador e de seus recursos multimidiáticos no ensino. Considera-se, nesse sentido, imprescindível a realização de pesquisas que verifiquem as possibilidades de implementação da informática na educação musical e, consequentemente, o uso dos *"softwares* disponíveis gratuitos ou comercializados"* (FERRARI, 2003, p. 71).

Diante desta realidade, surgiram os seguintes questionamentos para a pesquisa que deu origem a este livro: 1) Como adequar ao contexto da musicalização escolar os resultados das pesquisas já realizadas que fundamentam a implementação do computador, de seus recursos multimidiáticos e *softwares* no ensino? 2) Quais seriam os recursos técnicos e pedagógicos, físicos e humanos necessários para que tal implementação ocorra com sucesso no contexto escolar? 3) Quais seriam os *softwares* mais adequados para se utilizar no contexto da educação musical nas escolas de ensino fundamental e médio? e 4) Como ocorre o desenvolvimento cognitivo e musical, ou seja, qual o nível de eficácia desses recursos tecnológicos na prática da musicalização?

A hipótese de que os espaços dos laboratórios instalados pelo ProInfo nas escolas da rede pública de ensino, com computadores e recursos multimidiáticos, somados aos *softwares* disponíveis e adequados, são convenientes ao ensino de música na contemporaneidade, leva à necessidade de verificação de que "podem contribuir para a inclusão desta linguagem artística no ensino escolar", como destacam os PCNs da área de Arte (BRASIL, 1997a, p. 80).

Se, por um lado, houve um aumento na presença de professores de música nas escolas públicas de ensino básico, por outro lado, a maioria das escolas não está provida de equipamentos musicais que sirvam às aulas de iniciação musical. Nesse sentido, os laboratórios de informática presentes nas escolas, podem ser utilizados para suprir essa carência. Há nesses laboratórios microfones, caixas de som, fones de ouvido, placas de som e conexão com *Internet*, e também outros acessórios indispensáveis para o ensino de música no contexto escolar (ALVES, 2002).

Acreditamos que a disseminação do conhecimento e do uso das novas tecnologias em ambientes de ensino-aprendizagem pode contribuir efetivamente para transformar a educação, ampliar a comunicação entre a comunidade escolar e desenvolver o currículo em uma perspectiva que permita gerar maior emancipação no aprender a aprender dos indivíduos (DOLL, apud DOLABELA, 2003). A partir desta perspectiva, o objetivo geral da pesquisa que deu origem a este livro consistiu em apontar as possibilidades cognitivas e pedagógcias que são favorecidas pela integração do computador, de seus recursos multimidiáticos e de *softwares* educativo-musicais no ensino musical nas escolas de ensino básico que possuem laboratórios de informática.

Para verificar essas possibilidades, escolhemos uma escola da rede estadual de ensino básico que conta com um laboratório de informática, no qual testamos o *software* MegaLogo. Deste modo, este livro busca esclarecer essas várias questões de modo a pontuar a relevância da implementação da educação musical aliada à informática na escola, verificando a viabilidade dessas tecnologias como mediadores pedagógicos no processo de ensino-aprendizagem musical. Esperamos que os resultados apresentados possam colaborar para uma ampliação metodológica do ensino da música no contexto escolar, de forma a cooperar com a atualização do processo de ensino e aprendizagem, aproximando os estudantes do computador, dos conceitos sonoros e musicais e da música contemporânea (CUNHA; MARTINS, 1998).

Este livro encontra-se organizado em cinco capítulos. O primeiro capítulo, *A relação entre a tríade: música, educação e informática*, apresenta a pesquisa bibliográfica voltada à revisão de estudos envolvendo os conceitos fundamentais da pedagogia musical e a relação entre música e novas tecnologias, abordando também as relações entre educação escolar e informática e entre ensino musical e recursos tecnológicos.

O segundo capítulo, *Contribuições do socioconstrutivismo*, como o próprio título esclarece, trata das contribuições do socioconstrutivismo. São apontados os estudos de Vigotsky (1998, 1999, 1991), em relação à concepção construtivista de educação e informática, e são enfatizados os conceitos de zona de desenvolvimento proximal e pensamento e linguagem. Ainda, são abordadas as características da análise microgenética na elaboração de procedimentos para a verificação do desenvolvimento de conceitos sonoros e musicais, por meio das fases e estágios da construção de conceitos elencadas por Vigotsky.

O terceiro capítulo, *Recursos computacionais e ensino de música na escola*, trata da análise dos *softwares* disponíveis considerados mais adequados, tecnicamente e pedagogicamente, para o contexto do ensino musical escolar. Para isso, foi necessária uma revisão bibliográfica específica em catálogos de *softwares*, em programas disponíveis por fabricantes via *Internet* e em aplicativos utilizados no ensino musical (ALVES, 2002; KRÜGER, 2000; FRITSCH, 2003; HENTSCHKE, 1999).

O quarto capítulo, *Procedimentos Metodológicos*, apresenta os procedimentos para aplicação do *software* escolhido, com o objetivo de verificar o desenvolvimento cognitivo-musical dos estudantes participantes. Foi escolhida uma escola da rede estadual de ensino básico, na qual se encontra instalado um laboratório de informática. Nesse laboratório, realizou-se o teste empírico do *software* MegaLogo, juntamente com os participantes da pesquisa.

E, para a constituição do quinto capítulo, *Análise dos dados e dos resultados*, foi selecionado um grupo de oito estudantes, dentre as turmas do ensino fundamental, para serem observados e avaliados durante as sessões/ aulas, por meio de filmagens, gravações, entrevistas, atividades pré-elaboradas e por meio da análise microgenética, baseada nos estudos de Allessandrini (2004), Mantoan (1998), Wertsch (1987), Góes (2000) e Inhelder (1996).

A análise e a avaliação do processo de desenvolvimento musical dos participantes são fundamentadas em Swanwick (1991, 2003) e a construção de conceitos musicais em Vigotsky (1991, 1998).

1

A RELAÇÃO ENTRE A TRÍADE: MÚSICA, EDUCAÇÃO E INFORMÁTICA

No contexto atual, emerge o complicado debate sobre o papel da música dentro das práticas e teorias educativas em meio a um universo de carências que vão da falta de escolas e professores especializados até a dificuldade de se efetivar uma abordagem interdisciplinar. Isto tem se tornado uma justificativa para que poucas mudanças aconteçam para o avanço da inclusão do ensino da música como disciplina autônoma na escola de educação básica (FONTERRADA, 2004; 2005).

Além disso, são fatores notáveis o esquecimento quase que total da tradição musical folclórica brasileira, o desconhecimento quase que absoluto da produção musical erudita passada e presente, a proliferação de modelos imitativos da cultura estrangeira no universo popular e, consequentemente, a exclusão quase que total do ensino musical nas escolas públicas de ensino básico (CAMPOS, 2003). Não é que outras sociedades estejam livres destes embates culturais, entretanto, a qualidade da música brasileira parece totalmente incompatível com o espaço a ela destinado na mídia e nos projetos pedagógicos escolares. Aparentemente, tornou-se hábito relegar a música e a arte a um plano inferior no contexto educacional brasileiro.

Com a finalidade de compreender esse processo, cabe aqui uma brevíssima recapitulação dos aspectos históricos por meio dos quais se constituiu a problemática da educação musical na escola brasileira.

Pelos idos da década de 1930, fase em que a educação musical no Brasil gozou de maior projeção, fundou-se o Conservatório Nacional de Canto Orfeônico, sob a direção do maestro e compositor Heitor Villa--Lobos (FONTERRADA, 2005). Mesmo destituído de suas funções após a queda do Estado Novo, Villa-Lobos teve o grande mérito de atualizar as primeiras diretrizes da pedagogia musical no país, introduzindo ideias ins-

15

piradas em dois grandes pesquisadores e educadores europeus, Bártok e Kodàly (MÁRSICO, 1978).

Posteriormente, a reforma do ensino, propiciada pela Lei 5.692 de 1971, lançou bases organizacionais e filosóficas para o ensino brasileiro e definiu, até certo ponto, a regra de que a música, como disciplina curricular, estaria inserida dentro das prerrogativas da chamada "Educação Artística" (LDB – Lei nº 5.692/1971). Já o ensino profissionalizante de música deveria ser atendido por cursos diferenciados, oferecidos pelos conservatórios e escolas superiores.

O interesse pela música como complemento da educação básica, sem finalidade profissionalizante, retornou nas décadas de 1970 e 1980 com alguns esforços do movimento artístico e pedagógico conhecido como "Arte-educação". Esta corrente não conseguiu, porém, garantir o espaço da educação musical dentro do currículo escolar, devido à excessiva liberalidade e indefinição de propostas (FERNANDES, 2004).

Chegamos, então, ao marco mais recente desse processo com a Lei de Diretrizes e Bases da Educação (LDB) de 1996. No que diz respeito às áreas abordadas pela LDB, a participação da música no contexto da educação básica está prevista no 2º parágrafo do artigo 26 o qual estabelece que o ensino da arte deverá constituir componente curricular obrigatório nos diversos níveis da educação básica. Sendo esta última redação estabelecida pela Lei nº 12.287, de 2010.

Como parte da reforma curricular, os Parâmetros Curriculares Nacionais (PCNs), publicados em 1998, revelaram um forte anseio por concretizar mudanças qualitativas reais, sugerindo proposições que, se não chegam a constituir uma metodologia, ao menos apontam nesta direção.

Diante desse contexto, é possível então compreender a dificuldade do retorno da música para a escola. Com a ausência gradual da música como disciplina autônoma, ocorreu uma desvalorização do seu real significado como conteúdo relevante para o desenvolvimento humano dentro do ensino básico. Mesmo assim, a escola não deixou de usufruir da música, mas, como não havia sistematização de seu ensino, os próprios professores eram os primeiros a divulgar somente o que conheciam previamente: as músicas veiculadas pela mídia.

Nessa perspectiva, segundo Souza (2002), a música passou a ter outras funções dentro do contexto escolar. Entre elas podemos destacar: a) a música pretendida como terapia; b) a música como auxiliar no desenvolvimento de outras disciplinas; c) a música como mecanismo de controle; d) a música como divertimento e lazer; e finalmente, e) a música como disciplina à parte.

Destacando esta última função, verifica-se, ainda, alguns raros espaços e oportunidades para o ensino musical autônomo, como as bandas e os corais, ou mesmo, mais raramente, a hora cívica, momento no qual os estudantes cantam hinos pátrios (SOUZA, 2002). Nesse sentido, a observação de Fonseca é esclarecedora:

> Não se pode negar que o ensino de música na imensa maioria das escolas de 1º e 2º graus é sumariamente secundarizado e, quando presente, não passa de uma forma de "passatempo institucionalizado", cujo objetivo central costuma ser as apresentações corais, instrumentais e coreografias nas festas da escola. (1990, p. 17)

Os esforços realizados para devolver ao ensino musical escolar a sua real função, que é a de desenvolver a musicalidade, o senso estético sonoro, a consciência da percepção auditiva e a capacidade crítica cultural resultam atualmente em soluções provisórias até que se chegue ao pleno direito de recursos e espaços adequados ao ensino musical integral, vivenciado como disciplina livre dentro do contexto escolar. Espera-se que o desenvolvimento de pesquisas, projetos pedagógicos ou culturais e investimentos governamentais possam se multiplicar, fazendo cumprir a nova LDB e os PCNs, que preconizam, ao menos na letra da lei, o retorno da linguagem musical à condição de conteúdo autônomo e simbólico de comunicação e expressão.

CONCEITUAÇÃO E CONTEXTUALIZAÇÃO

Ao tratar do *status* epistemológico da educação musical e de sua delimitação como área de conhecimento, Del Ben (2001), pesquisadora da educação musical e professora da Escola de Música da Universidade

Federal do Rio Grande do Sul, afirma que é preciso chegar a um acordo acerca das várias áreas que investigam o fenômeno educativo-musical. Del Ben (2001, p. 71) considera a "educação musical como uma área de intersecção entre duas áreas" e afirma, fundamentada em Kraemer (2000, p. 52), que a educação musical, "por ocupar-se das relações entre as pessoas e as músicas, divide seu objeto com as chamadas ciências humanas, como a pedagogia e musicologia".

Nessa abordagem, o uso de recursos tecnológicos no ensino de música no contexto escolar deve ser pensado a partir da origem histórica e da caracterização dessa nova prática por duas vias. A primeira via se refere à chegada da informática ou do computador no ensino básico e suas implicações pedagógicas. A segunda, tão importante quanto à primeira, é relativa às novas estéticas musicais advindas do uso do computador na produção musical eletroacústica e eletrônica, e ao novo tratamento que se confere à música em geral, com gravações, restaurações e armazenamento digital de arquivos sonoro-musicais.

Essas áreas de conhecimento têm-se desenvolvido paralelamente, com estruturas próprias que as fundamentam. No entanto, as vias citadas vão estabelecer correspondências, originando a informática educativa musical.

O Quadro 01, a seguir, mostra que a informática no ensino da música passa pela educação musical, pela informática educativa e pela música computacional.

QUADRO 01
INTEGRAÇÃO DAS ÁREAS QUE CONTEMPLAM A INFORMÁTICA
EDUCATIVA MUSICAL

EDUCAÇÃO	+ MÚSICA	=	EDUCAÇÃO MUSICAL
EDUCAÇÃO	+ INFORMÁTICA	=	INFORMÁTICA EDUCATIVA
INFORMÁTICA	+ MÚSICA	=	MÚSICA COMPUTACIONAL

EDUCAÇÃO MUSICAL
+
INFORMÁTICA EDUCATIVA = INFORMÁTICA EDUCATIVA MUSICAL
+
MÚSICA COMPUTACIONAL

Verifica-se, desta forma, a complexidade do tema proposto neste estudo, no qual se faz necessário integrar as áreas da Educação Musical com Informática Educativa e Música Computacional (eletrônica e eletroacústica). Essas áreas de pesquisa são integrativas e seus estudos tendem a promover avanços na medida que se desenvolve uma consciência de que as mudanças tecnológicas, culturais e pedagógicas estão interligadas.

Nesse sentido, verificam-se diferentes abordagens de uso dessas tecnologias no ensino da música, na compreensão da estrutura sonora e sua manipulação e no desenvolvimento da leitura e escrita musical, abrangendo o uso de diversos recursos audiovisuais e multimidiáticos, como CD, CD-ROM, DVD, *karaokê*, *Internet*, interface multimídia com caixa de som, microfone e teclados musicais conectados na placa de som e os devidos *softwares* musicais e pedagógico-musicais.

Concernente ao estudo de tais tecnologias no Brasil, o Congresso de Música e Informática Brasileiro (CMIB) é um dos eventos nacionais que vem congregando, em suas conferências, pesquisas voltadas para o uso de ferramentas computacionais na música. Há também o interesse crescente dos educadores musicais que estão preocupados com a nova realidade. Porém, poucas pesquisas têm procurado aplicar os resultados desses estudos na iniciação musical e no ensino escolar, o que acreditamos não ser apenas importante, mas viável e capaz de proporcionar a inclusão digital-musical de uma parcela significativa da população estudantil.

No Brasil, a relevância do conhecimento musical na formação do cidadão é referendada pela LDB/1996 e pelo PCNs/1997, tanto no aspecto dos conteúdos da linguagem musical quanto das integrações interdisciplinares. Esses documentos ratificam a integração do ensino de música com a informática com base na "interdisciplinaridade, contextualização, desenvolvimento de competências" (BRASIL, 1997a, p. 51, 81) e na "utilização didático-pedagógica do computador e de seus periféricos" (BRASIL, 1997b, p. 146–154).

Vejamos a declaração do PCN-Arte que contempla o ensino fundamental:

> Neste século, com os avanços da eletrônica refletindo-se na fabricação de novos instrumentos e equipamentos para produção sonora, com

> surgimento de novas linguagens musicais e respectivas estéticas refletem-se na criação de diversas técnicas de composição. São caminhos em aberto em que se encontram músicas eletrônicas resultantes de processos desenvolvidos no âmbito popular, como o rock; e músicas eletrônicas resultantes de processos de erudição, tais como as músicas eletroacústicas, bem como interpretações que têm ocorrido entre essas duas vertentes. Discussões e percepções sonoras dessa natureza podem estar presentes na educação musical proposta e desenvolvida na escola. (BRASIL, 1997a, p. 80)

O crescente avanço da informática tem atingido a educação e chegado às escolas públicas de ensino básico por meio dos laboratórios implementados pelo ProInfo. Esse programa federal tem o objetivo de instalar e manter um laboratório com computadores em cada escola pública do país. Motivados pela emergente necessidade da inclusão digital, vários professores, pedagogos e pesquisadores têm procurado se adequar à nova realidade, realizando estudos que envolvem o uso pedagógico do computador e de seus aparatos multimidiáticos.

Objetivando adaptar-se a essa nova realidade, os projetos pedagógicos necessitam levar em consideração os espaços disponíveis para atuação do professor de música. Contudo, antes de se aventurar no universo das novas realidades culturais, o educador necessita encontrar, por meio da pesquisa e da formação continuada, a preparação de suas aulas, utilizando espaços alternativos disponíveis, mesmo que continue lutando por condições ideais de trabalho, como a aquisição de instrumentos musicais, quadros pautados e salas com acústica adequada.

Estabelecendo como referencial as afirmações de Del Ben (2001) e Kraemer (2000), com as quais esta discussão introdutória foi iniciada, acredita-se que a compreensão do que seja o uso da informática na educação musical passa pelo entendimento sobre o uso da informática na música e na educação escolar. Antes de se chegar a esta caracterização, faz-se necessário verificar o processo dessa realidade emergente por meio de um histórico da inserção da informática no ensino básico e da integração entre música e informática, o que se faz a seguir.

MÚSICA E INFORMÁTICA

De acordo com Cunha e Martins (1998), o progresso científico e o fazer musical sempre tiveram uma estreita relação. O desenvolvimento científico sempre trouxe implicações diretas no fazer musical, como, por exemplo, na construção e evolução dos instrumentos musicais e no âmbito do entendimento teórico das propriedades do som. Acredita-se que estas influências também alcançam o ensino dessa arte.

Nos últimos anos, compositores passaram a conhecer, explorar e incorporar nas suas músicas, não apenas matizes timbrísticas dos instrumentos asiáticos, africanos e indígenas, mas também padrões rítmicos e melódicos de culturas diversas. As estéticas e filosofias de outros povos passaram a ser fonte de inspiração de artistas como John Cage, Messiaen, Koellreutter, Beatles, em virtude de uma nova realidade mundial que se forma no campo do desenvolvimento tecnológico, com consequências culturais irreversíveis.

Além disso, com o aparecimento dos sintetizadores e dos computadores, toda uma nova extensão sonora passa a ser explorada pela criação musical, rompendo as antigas barreiras físicas, possibilitando experimentos com timbres e a audição imediata de criações. Esses recursos já eram esperados por muitos compositores que não encontravam mais nos recursos oferecidos pela tecnologia de seu tempo as ferramentas necessárias para sua expressão (MORAES, 1983).

Nesse sentido, no âmbito da criação musical de gênero erudito, os primeiros estúdios eletroacústicos apresentaram tendências estéticas opostas; por um lado a Música Concreta e, por outro, a Música Eletrônica Serial (GRIFFITHS, 1998). Essa diversidade, contudo, prenunciava a riqueza criativa e musical das possibilidades que o crescimento tecnológico traria para o desenvolvimento musical.

Segundo Caesar (1999), no panorama da nova realidade musical verifica-se que, de todas as artes, a música é a mais revivida e glorificada por seu passado. Mas, na verdade, não existe falta de novas estéticas ou crise de criatividade na música atual; e sim falta de divulgação desta música pela mídia, editoras, gravadoras e escolas de música, incluindo as universidades. Não sendo divulgada, essa música não é comercial, e não sendo comercial, não é publicada, gravada, tocada, estudada e, consequentemente, ouvida (GIRON, 1994).

Considerando a produção musical ao longo das épocas, nota-se que o campo de abrangência da música vem se tornando cada vez maior, o que se deve, em parte, à utilização de novos instrumentos e às novas formas de geração, produção e armazenamento de sons. De acordo com Giron (1994), o emprego da tecnologia aponta as novas facetas da música. Pode--se observar que no âmbito da criação musical eletroacústica, por exemplo, com a música concreta, o compositor utilizava sons do ambiente capturados por meio de fita magnética, e na música eletrônica a produção de sons era inicialmente realizada por meio de um gerador de sinais. Hoje, o computador, na atividade composicional, apresenta-se como uma ferramenta que apoia o compositor na viabilização e explicitação de ideias. Por meio dos aplicativos computacionais, o compositor tem acesso a sistemas de representação diversificados que fornecem *feedbacks* sonoros e gráficos com partituras, desenhos e diagramas.

O uso do computador na atividade composicional apresenta possibilidades de criação, captura e transformação de eventos sonoros. Possibilita que o compositor construa um banco de ideias musicais, assim, essas ideias passam a ser transformadas e reutilizadas em outros contextos composicionais. Os aplicativos computacionais também possibilitam que o compositor tenha acesso, em um único ambiente, às diversas ferramentas (CUNHA; MARTINS, 1998).

Esses recursos dão suporte à criatividade composicional, apresentando possibilidades mais ricas e diversificadas para o compositor expressar e trabalhar suas ideias. Desse modo, Kater (1990) considera que surgem novos parâmetros relacionados ao processo de composição, como o controle da obra e o uso de novas formas (CUNHA; MARTINS, 1998, p. 08). Ocorre o surgimento de novos estilos, por exemplo, música espectral, minimalismo, *world music*. Surgem também novos tipos de concerto, como o *tape solo*.

No desenvolvimento das técnicas de gravação e de preservação, o que se torna imortal agora é a própria obra, a própria música tal qual o compositor a concebeu. Depois de milênios, o homem confere à arte do som, por meio da gravação, a imortalidade semelhante a das artes visuais ou da literatura. Além do *tape solo*, temos a técnica mista (*tape* e acústica) e a *live electronic*, que são os chamados "meios mistos" (ALMEIDA, 1997).

Conforme Cunha e Martins (1998), cabe ao artista a tarefa de ser a "antena da raça" e ao arte-educador a tarefa de ser o supercondutor que leva o que essa antena captou. Deixar o alunado entregue aos modismos midiáticos, sob pretextos liberais, é na verdade uma prática elitista. Significa abandoná-los, tornando-os dependentes da sua condição sociocultural. É aumentar a desigualdade ao acesso e fruição da arte.

A história da inserção das tecnologias no fazer musical passa necessariamente pelo contexto da música popular e das músicas jovens urbanas e rompe, no contexto pedagógico, com toda discriminação entre música erudita *versus* música popular. A temática da contextualização do ensino musical para o universo dos jovens não deve estar ausente dos projetos de ensino musical, quaisquer que sejam eles. No item a seguir, serão abordadas as contribuições das músicas eletrônicas dos DJs (*Disc jockeys*) *versus* as eletroacústicas do universo acadêmico e erudito, que já foram exemplificadas.

MÚSICA ELETRÔNICA *VERSUS* ELETROACÚSTICA

O dicionário de música Grove define música eletrônica como qualquer "música produzida ou modificada por meios eletrônicos para poder ser ouvida" (SADIE, 1994, p. 634). Segundo Gubernikoff (1996), a música eletrônica é definida como a música produzida por meio de instrumentos adaptados para produzir som modificado pela eletricidade.

Por outro lado, na música eletroacústica há expansão para manipulação de timbres e o desenvolvimento de processos composicionais ligados às descobertas da psicoacústica (ALMEIDA, 1997). Além da experimentação sonora em combinações que estimulam o sensorial, as produções musicais são direcionadas para uma abordagem mais formalista (GUBERNIKOFF, 1996).

Os termos "eletrônico" e "eletroacústico", no entanto, têm sido designados para identificação não só dos meios de produção musical, mas também para identificar os gêneros em popular (música eletrônica) e erudito (música eletroacústica). Nesse sentido, o termo "eletroacústico" identificaria adequadamente, se não fossem os equívocos de ordem conceitual, a integração de processos elétricos e acústicos; e o termo "eletrônico", identificaria qualquer música que utiliza em seu processo a integração de meios elétricos na produção dos sons.

Porém, no universo da cultura urbana jovem da atualidade, ao se falar de música eletrônica, fala-se em música popular, nas músicas produzidas pelos DJs, nos gêneros conhecidos como *hip hop*, *rap*, *funk*, *techno* e *remix*, entre outros. Atualmente entre os jovens há pouquíssima veiculação sobre a relação entre música clássica e os meios elétricos ou o que seja a música eletroacústica. Despertar os educandos para essa nova realidade, tomando por base seus próprios contextos, pode ser um caminho de integração entre os universos eletrônico e eletroacústico, ou seja, entre o popular e o erudito.

Verifica-se que há uma estreita ligação entre o desenvolvimento tecnológico e a música popular, pois a arte popular se utiliza em grade escala dos meios tecnológicos para a produção e a divulgação da cultura de massa (HERSCHMANN, 1997). Assef (2003, p. 23) realizou recentemente um estudo no qual sistematizou alguns aspectos do processo de desenvolvimento da música eletrônica no Brasil. Segundo este autor, por volta da década de 1950, as orquestras e bandas de *jazz* das casas de dança foram substituídas gradativamente por vitrolas e toca-discos o que deu origem às "Orquestras Invisíveis". Inicialmente, o operador destes aparelhos somente trocava os discos atrás de uma cortina ou em um local no qual não era visto. Esse profissional era denominado discotecário. Após a fase inicial, surgiram os discotecários de sucesso, com repertórios específicos para agradar ao público característico dos bailes jovens.

O surgimento do *Disc jockey* (DJ) aconteceu nas casas de *shows*, rádios, TVs e estúdios, que necessitavam de um discotecário mais performático, que utilizasse dois toca-discos, de forma que a próxima música iniciasse antes que a anterior chegasse ao fim, para não haver um espaço de silêncio entre as músicas. Posteriormente, com o surgimento dos bailes jovens, e especificamente com o *break*, uma espécie de movimento de rua, o discotecário passou a manipular o disco enquanto esse ainda estava tocando. Ao flexionar o disco com a agulha do toca-discos, os DJs descobriram timbres e técnicas para manipular trechos e partes de várias músicas. Isso foi desembocar nos grandes concursos de DJs que acontecem em todo mundo, nos quais um DJ manipula vários toca-discos. Hoje, esses profissionais utilizam o toca CDs ou aparelhos eletrônicos específicos (as *pickups*) para estas *performances* os DJs não apenas trabalham com músicas prontas, mas criam timbres e combinações polifônicas e arranjos musicais em tempo real.

Com a finalidade de contrapor as duas áreas de criação musical, criamos o Quadro 02, que permite comparações entre a música eletrônica e a música eletroacústica nos quesitos origem, artista performático (ou *performer*), público e área de atuação.

QUADRO 02

QUADRO COMPARATIVO ENTRE MÚSICA ELETRÔNICA E MÚSICA ELETROACÚSTICA

	MÚSICA ELETRÔNICA	MÚSICA ELETROACÚSTICA
ORIGEM	• Toca-disco, microfone, gravador, sintetizador, amplificador; • *Jazz*; • *Rock*; • *Rap, funk*; • *Dance Music (House, Acid House, Techno, Hardcore Techno, Break Beat, Goa Trance, Ambient, Tribal, Trip Hop).*	• Computador, sintetizador, toca-fitas; • Pierre Schaeffer - Ruídos gerados por toca-discos; • Hebert Eimer - Serialismo integral; • Stockhausen - Vozes humanas com sons eletrônicos; • Sons Eletrônicos; • Música Spectral; Minimalismo; • *World Music.*
PERFORMER	Popular – DJ	Erudito – Compositor
PÚBLICO	Multidões	Grupo altamente seleto
ÁREA DE ATUAÇÃO	Mídias	Academias de Pós-Graduação

Analisando o desenrolar da história dos gêneros como o *break*, os "bailes *blacks*" da década de 1950 no Rio de Janeiro, a "orquestra invisível", sendo operada pelo discotecário e, mais tarde, o surgimento dos DJs e os movimentos do *hip hop*, do *rap* e do *funk* (HERSCHMANN, 1997;

ASSEF, 2003), podemos verificar a riqueza musical advinda do desenvolvimento eletrônico no alargamento e na divulgação de um ensino musical não formal, na ampliação de espaços e ações e no surgimento de "novas culturas musicais" (ARALDI, 2004). Por outro lado, podemos falar de todo o desenvolvimento proporcionado pelas novas tecnologias nos âmbitos da produção, divulgação e massificação de determinados estilos e modismos musicais, assim como da influência desses movimentos nas identidades musicais dos jovens que frequentam as escolas públicas de ensino básico.

Atualmente, além da demanda por uma maior diversidade de produções musicais, tem-se também a necessidade de oportunizar a aproximação do grande público a essas músicas. Isto possibilita a compreensão das estéticas próprias dessa linguagem, ampliando o leque cultural dos indivíduos na sociedade e, consequentemente, contribuindo para o seu desenvolvimento cultural. Essas pessoas possuem o direito de conhecer e compreender a diversidade de culturas, posturas e manifestações artísticas presentes na contemporaneidade e de serem libertos das restritas identidades midiáticas, tendo assim a possibilidade de serem participantes da pluralidade cultural do presente século. A educação musical contribui para esse desenvolvimento.

Ao se falar na educação musical de uma maior parcela da população, tem-se a necessidade de se repensar a função do ensino musical no contexto escolar, pois é função da escola brasileira proporcionar o conhecimento básico para o desenvolvimento pleno do potencial humano, sendo o papel da música, nesse cenário, considerado primordial.

Mas, antes de falar propriamente do ensino musical no contexto escolar e do ensino musical via novas tecnologias, vamos expor alguns aspectos da inserção da informática no ensino público, relacionando a educação escolar com a informática.

EDUCAÇÃO ESCOLAR E INFORMÁTICA

De acordo com Almeida (1996), a informática na educação é um novo domínio da ciência, cuja própria concepção traz embutido o conceito de pluralidade, de inter-relação e de intercâmbio crítico entre diversos saberes e ideias desenvolvidas por diferentes pensadores. É uma ampla e abrangente abordagem sobre aprendizagem, filosofia do conhecimento, domínio das técnicas computacionais e da prática pedagógica.

Nessa linha de pensamento, muitos trabalhos e pesquisas têm sido desenvolvidos atualmente pelos mais diversos ramos da pedagogia escolar e têm encontrado junto às Novas Tecnologias de Informação e Comunicação (NTICs) melhorias para o desenvolvimento da prática pedagógica, como, por exemplo, na alfabetização (BOTTAZZINI, 2001; MABILDE, 2004), na educação matemática (SOUZA, 2001; FARIA, 2001, LUCHESI, 2004), no estudo do desenvolvimento cognitivo (BARBOSA, 2001; ALVES, 1999), e no ensino de música (GOHN, 2003; BRAGA, 1995; FLORES, 2000, 2002; FRITSCH, 1998, 2003; KRÜGER, 1996, 1999, 2000). No entanto, essa nova realidade ainda deve ser examinada cautelosamente. Com as inúmeras possibilidades do uso das NTICs no ensino escolar, verifica-se que estamos apenas no começo de uma grande revolução na educação.

Franco e Lopes (2004) nota que atualmente as bases das ações tecnológicas na educação estão ancoradas nos padrões acessíveis e não proprietários da *Internet* para propiciar o ingresso e o desenvolvimento sustentável do conhecimento sobre as novas tecnologias que formam a rede mundial de computadores. Desta forma, que o uso das tecnologias contribua para o desenvolvimento de um currículo não linear e interdisciplinar, beneficiando a comunidade escolar com as possibilidades de aprender por meio de uma comunicação interativa para além do hipertexto em formato de áudio, vídeo e texto. Usar com criatividade a convergência *Internet/* mídia para promover a inovação na educação, tendo a *Internet* como resultado da apropriação social de sua tecnologia por seus usuários e produtores (CASTELLS, 2003).

Novas tecnologias accessíveis têm influenciado significativa e quantitativamente as transformações nos negócios do mundo corporativo, tanto pela questão da diminuição de custos relativos aos investimentos em *software* proprietário e flexibilidade de adaptação, quanto pela facilidade de criação, escala, produção, manutenção de sistemas e possibilidades diversas de comunicação com o usuário. Como exemplos, temos as interfaces em duas e três dimensões com a combinação de linguagens padrão da *Web*, tais como *hypertext markup language* – HTML (2D) e *virtual reality modeling language* – VRML (3D), *javascript,* Java, incluindo-se a linguagem natural e as simulações (PERLIN apud FRANCO; LOPES, 2004).

Para a utilização de tais tecnologias na educação básica, é necessário apresentar conceitos técnico-científicos fundamentados em sistemas de informação e computação gráfica para que os jovens tornem-se adultos capazes de aplicá-los com criatividade e inovação ao longo de suas vidas. Segundo Furth (1999 apud FRANCO; LOPES, 2004), justifica-se empregar o estado da arte das tecnologias para aprimorar o ambiente escolar, pois talvez seja uma oportunidade única para muitas crianças acessarem e aprenderem como tais tecnologias podem melhorar a qualidade de suas vidas por meio do desenvolvimento de suas habilidades e competências para compreender e modificar o ambiente em que vivem. A isso acrescentamos o desenvolvimento da autoestima, do sistema de valores, da capacidade de análise, da diferenciação, da capacidade de lidar com riscos e da criatividade, levando consigo estas experiências como inspiração para seu desenvolvimento integral (DOLABELA, 2003; PIMENTA, 2005).

A informática na educação escolar pode, então, ser pensada como a utilização de ferramentas que não substituem os métodos tradicionais, mas que auxiliam no desenvolvimento das atividades educacionais por meio do intercâmbio de informações e do estímulo à consciência crítica, de forma mais ágil, concreta e contextual para o estudante, em que o conhecimento não é mais unidirecional, transmitido somente pelo professor, mas vem de várias direções e é disseminado entre os próprios estudantes.

A esse respeito, as orientações dos PCNs expõem alguns pontos esclarecedores:

> O computador é, ao mesmo tempo, uma ferramenta e um instrumento de mediação. É uma ferramenta porque permite ao usuário realizar atividades que, sem ele, seriam muito difíceis ou mesmo impossíveis. [...] Mesmo os programas educativos para computador não se constituem como soluções prontas e auto-suficientes para o ensino. Nenhum *software* funciona automaticamente para promover aprendizagens, pois é necessário que a sua utilização esteja atrelada a um contexto de ensino e aprendizagem, ou seja, à colocação de problemas cognitivos, considerando aquilo que o estudante já sabe. [...] É sempre o professor quem define quando, por que e como utilizar o recurso tecnológico a serviço do processo de ensino e aprendizagem. O professor é sempre o responsável pelos processos que desencadeia

> para promover a construção de conhecimentos, e nesse sentido é insubstituível. [...] A tecnologia é um instrumento capaz de aumentar a motivação dos estudantes, se a sua utilização estiver inserida num ambiente de aprendizagem desafiador. Não é por si só um elemento motivador. Se a proposta de trabalho não for interessante, os estudantes rapidamente perdem a motivação. (BRASIL, 1997b, p. 46–57)

Embora já estejamos distanciados do tempo em que a computação nas escolas era considerada como um grande avanço, na forma de ampliar o recrutamento de estudantes para seus quadros discentes, esse assunto ainda polariza discussões. Não há um consenso sobre suas formas de utilização e sobre seu valor como ferramenta auxiliar no processo de ensino-aprendizagem. Ainda há contundentes embates entre concepções, às vezes, muito rígidas ou muito simplistas e ingênuas a respeito da informática nas escolas. Valente (1996) assevera que duas posturas, uma cética e outra otimista, têm figurado nessas discussões, sendo que ambas podem obscurecer o real potencial da informática como mediador pedagógico para a necessária busca por uma postura pedagógica autocrítica e mais equilibrada.

O Quadro 03, a seguir, é uma síntese das afirmações de Valente (1996). Do lado esquerdo estão listados alguns mitos relacionados ao uso e à inserção da informática no ensino escolar. Do lado direito, estão alguns problemas relacionados a esta nova realidade.

QUADRO 03

MITOS E PROBLEMAS EM INFORMÁTICA EDUCATIVA

MITOS	PROBLEMAS
a) o computador viria resolver os problemas e impasses da educação;	a) que vantagens o uso de metodologias informáticas e a introdução do computador trazem para a educação?
b) o computador é uma ameaça ao pensamento criativo, à literatura, à poesia, às artes, ao pensamento divergente e à socialização dos estudantes;	b) é realmente necessário para o desenvolvimento da educação que todas as escolas possuam computadores?
c) o computador é visto cada vez mais como um instrumento com capacidade de raciocínio igual ou superior ao dos seres humanos;	c) precisamos realmente do computador? em que medida ele nos será útil?
d) para utilizar o computador na educação é preciso ser especialista ou técnico em informática.	d) os professores já se encontram preparados, ou estão sendo preparados para usar o computador?

Síntese baseada em Valente (1996).

Nos apontamentos de Valente, o grande desafio encontra-se propriamente na concepção de ensino, pois o uso das tecnologias está atrelado a este fundamento. De acordo com as palavras do autor, tem-se a seguinte afirmativa:

> Entretanto, a nova questão que se coloca é: como conseguir essa mudança? Parece que o sistema educacional, como um todo, resiste a essas mudanças. Existe uma tendência de se manter o paradigma instrucionista por razões de ordem histórica — foi assim que fomos educados, é assim que devemos educar — ou pela falta de entendimento do que significa aprender ou ainda pela falta de experiência acumulada que possa comprovar a efetividade educacional do paradigma construcionista. (VALENTE, 1996, p.12)

Zacharias (2004) salienta que a escola é uma instituição que resiste a mudanças, mas já estamos vivendo a era da informação que requer significativas revisões do sistema educacional. Para a autora, o principal objetivo da escola como instituição é formar as novas gerações de maneira a respeitar a sua identidade, estando consciente das suas necessidades reais. O que não pode ser ignorado pela escola é a sua inserção nesse processo, de modo a atender o público a que se destina.

As transformações sociais se processam rapidamente e a mudança se tornou a regra. Nessa situação dinâmica, a educação é um processo contínuo de construção e reorganização dos conhecimentos, tendo como finalidade o desenvolvimento global e harmonioso da personalidade para a formação do indivíduo crítico. Cabe, então, à escola participar do processo de mudança, repensando as variadas questões introduzidas pelo uso de novas tecnologias, pois se alguma mudança houve, é necessário que se entenda qual o seu significado e quais as consequências que serão geradas por esses fatores de mudança.

Deve-se estar consciente que, ao mesmo tempo que a tecnologia traz benefícios, ela também se desfaz de outros que eram considerados adequados às nossas necessidades. No caso específico dos computadores, a sua principal característica é de não ter função definida. Eles vão funcionar de acordo com os programas que lhes são fornecidos e trabalhar a serviço daqueles que o estão utilizando. Não são *a priori* nem bons, nem ruins, nem úteis, nem inúteis; tudo dependerá de nossas reais necessidades e escolhas. A tecnologia deve nos servir, colocar-se ao nosso serviço, e não ditar quais serão as nossas necessidades.

Para se compreender melhor a complexa realidade advinda do uso das novas tecnologias no contexto escolar, traçaremos a seguir um histórico acerca da inclusão dos computadores no ensino básico da rede pública do Brasil.

AS BASES DA INFORMÁTICA EDUCATIVA NO BRASIL

No Brasil, segundo Almeida (2000), o uso do computador na educação teve início com algumas experiências em universidades nos primeiros anos da década de 1970. Na Universidade Federal do Rio de Janeiro (UFRJ), em 1973, o Núcleo de Tecnologia Educacional para a Saúde e o Centro Latino-Americano de Tecnologia Educacional (NUTES/CLATES) usou o computador no ensino de química, por meio de simulações. Na Universidade Federal do Rio Grande do Sul (UFRGS), nesse mesmo ano, realizaram-se algumas experiências usando simulação de fenômenos de física com estudantes de graduação. O centro de processamento de dados desenvolveu o *software* SISCAI para avaliação de estudantes de pós--graduação em educação. Na Universidade Estadual de Campinas (Unicamp), em 1974, foi desenvolvido um *software*, tipo *CAI* (*Computer-Aided Instruction*), para o ensino dos fundamentos de programação da linguagem BASIC, usado com os estudantes de pós-graduação em Educação, produzido pelo Instituto de Matemática, Estatística e Ciência da Computação e financiado pela Organização dos Estados Americanos.

Em 1975, foi produzido o documento "Introdução de Computadores no Ensino do 2º Grau", financiado pelo programa de reformulação do ensino (PREMEN/MEC) e, nesse mesmo ano, aconteceu a primeira visita de Seymour Papert e Marvin Minsky ao país, os quais lançaram as primeiras sementes das ideias do Logo. Papert e Minsky são dois dos grandes pioneiros no estudo da utilização da informática no ensino formal.

Entretanto, discussões mais significativas acerca da implantação do currículo de informática na educação no Brasil iniciam-se com o primeiro e segundo Seminário Nacional de Informática em Educação, realizados respectivamente na Universidade de Brasília (UnB) em 1981 e na Universidade Federal da Bahia (UFBA) em 1982. Esses seminários estabeleceram um programa de atuação que originou o Educom e uma sistemática de trabalho diferente de quaisquer outros programas educacionais iniciados pelo Ministério da Educação (MEC).

No caso da Informática na Educação, as decisões e as propostas nunca foram totalmente centralizadas no MEC. Eram frutos de discussões e propostas feitas pela comunidade de técnicos e pesquisadores da área. A função do MEC era a de acompanhar, viabilizar e implementar essas decisões (ALMEIDA, 1996). A primeira grande diferença do programa educacional brasileiro em relação aos dos outros países, como França e Estados Unidos, é a questão da descentralização das políticas. No Brasil, as políticas de implantação e desenvolvimento não são produtos somente de decisões governamentais, como na França, nem consequência direta do mercado, como nos Estados Unidos.

A segunda diferença entre o programa brasileiro e o da França e dos Estados Unidos é a questão da fundamentação das políticas e propostas pedagógicas da informática na educação. Desde o início do programa brasileiro, a decisão da comunidade de pesquisadores foi a de que as políticas a serem implantadas deveriam ser sempre fundamentadas em pesquisas pautadas em experiências concretas, usando a escola pública e, prioritariamente, o ensino de Segundo Grau, atual Ensino Médio. Essas foram as bases do projeto realizado em cinco universidades: UFPe, UFMG, UFRJ, UFRGS e Unicamp. Esse projeto ainda contemplou a diversidade de abordagens pedagógicas, como o desenvolvimento de *softwares* educativos e o uso do computador como recurso para resolução de problemas. Do ponto de vista metodológico, o trabalho deveria ser realizado por uma equipe interdisciplinar formada pelos professores das escolas escolhidas e por um grupo de profissionais da universidade. Os professores das escolas deveriam ser os responsáveis pelo desenvolvimento do projeto na escola e esse trabalho deveria ter o suporte e o acompanhamento do grupo de pesquisa da universidade, formado por pedagogos, psicólogos, sociólogos e cientistas da computação.

A terceira diferença é a proposta pedagógica e o papel que o computador deve desempenhar no processo educacional. Nesse aspecto, o ProInfo é bastante peculiar e diferente do que foi proposto em outros países. No programa brasileiro, o papel do computador é o de provocar mudanças pedagógicas profundas ao invés de "automatizar o ensino" ou preparar o estudante para ser capaz de trabalhar com o computador. Todos os centros de pesquisa do projeto atuaram na perspectiva de criar ambientes educacionais usando o computador como recurso facilitador do processo de aprendizagem.

O grande desafio era a mudança da abordagem educacional, isto é, transformar a educação centrada na transmissão da informação para uma educação em que o estudante pudesse realizar atividades por meio do computador e, consequentemente, aprender. A formação dos pesquisadores, os cursos de formação ministrados e mesmo os *softwares* educativos desenvolvidos eram elaborados tendo em mente a possibilidade desse tipo de mudança pedagógica.

Almeida (2000) assinala que, embora a mudança pedagógica tenha sido o objetivo de todas as ações dos projetos de informática na educação, os resultados obtidos não foram suficientes para sensibilizar ou alterar o sistema educacional como um todo. Os trabalhos realizados nos centros tiveram o mérito de elevar a informática na educação do estado zero para o estado atual, possibilitando entender e discutir as grandes questões da área. Ainda há diversas experiências instaladas no Brasil que apresentam mudanças pedagógicas fortemente enraizadas e que estão produzindo frutos. No entanto, essas ideias não se alastraram e isso aconteceu, principalmente, pelo fato de se ter subestimado as implicações das mudanças pedagógicas propostas no sistema educacional como um todo: a mudança na organização da escola e da sala de aula, no papel do professor e dos estudantes, e na relação do estudante com o conhecimento.

Somente por meio das análises das experiências realizadas é que se tornará claro que a promoção dessas mudanças pedagógicas não depende simplesmente da instalação dos computadores nas escolas. É necessário repensar a questão da dimensão do espaço e do tempo da escola. A sala de aula pode deixar de ser o lugar das carteiras enfileiradas para se tornar um local em que professor e estudantes podem realizar um trabalho diversificado em relação ao conhecimento. O professor deixa de ser o centro do conhecimento e das informações para exercer o papel de facilitador do processo de aprendizagem. O estudante deixa de ser passivo, receptáculo das informações, para ser ativo aprendiz e construtor do seu conhecimento. Portanto, a ênfase da educação passa a ser a construção do conhecimento, realizada pelo estudante de maneira significativa, sendo o professor o facilitador desse processo de construção.

Embora as questões envolvidas na implantação da informática na escola estejam mais claras hoje, as ações do passado não foram totalmente voltadas para o desafio dessas mudanças e, mesmo hoje, as ações são incipientes e não contemplam mudanças concretas. Isso pode ser notadamente observado nos programas de formação de professores para atuarem na área da informática na educação, que ainda são realizados sob perspectivas tradicionais. Procurar uma reforma na inclusão do desenvolvimento tecnológico no ensino e no desenvolvimento de práticas pedagógicas mais equilibradas: essa precisa ser a busca do educador consciente de sua prática pedagógica.

O PROINFO EM GOIÁS

Valente (1999) e Almeida (2000) relatam que a informática na educação no Brasil, introduzida há mais de trinta anos, não impregnou as ideias dos educadores e ainda não está consolidada no nosso sistema educacional. Porém, a presença dos computadores nas escolas tem possibilitado a discussão sobre mudanças pedagógicas profundas, como a criação de ambientes de aprendizagem nos quais o estudante constrói o seu conhecimento e tem o controle desse processo de construção.

Concernente ao advento dos computadores nas escolas de ensino básico, o ProInfo tem sido um programa educacional que visa a introduzir novas tecnologias de informação e comunicação na escola pública como ferramenta de apoio ao processo de ensino-aprendizagem. É uma iniciativa do Ministério da Educação, por meio da Secretaria de Educação a Distância – SEED, criada pela Portaria nº 522, de 09 de abril de 1997, sendo desenvolvida em parceria com os governos estaduais e alguns municípios.

As diretrizes do programa são estabelecidas pelo MEC e pelo Conselho Nacional de Secretários Estaduais de Educação (Consed). Em cada unidade da federação, há uma comissão estadual de informática na educação, cuja função principal é a de introduzir as novas tecnologias de informação e comunicação nas escolas públicas de ensino fundamental e médio. O ProInfo tem como meta crucial a preparação dos professores, considerada como a principal condição de sucesso.

Em Goiás, há também uma Comissão Estadual de Informática na Educação. Segundo o estudo desenvolvido por Rocha (2001) sobre o ProInfo em Goiás, o trabalho de informática educativa foi iniciado a partir de 1993, pela Secretaria de Estado e Cultura (SEC-GO), com a implantação do Centro de Informática Educativa (Cied), núcleo de trabalho de programa (Proninfe) e um laboratório de informática em apenas uma unidade escolar de Goiânia.

No final de 1994, essa secretaria ampliou o atendimento em todo o estado e implantou mais de dezoito laboratórios nas escolas da capital e do interior, atendendo a cerca de 6.150 estudantes dos ensinos Fundamental e Médio, por meio de 188 professores capacitados especialmente na linguagem Logo, em editor de texto e planilha eletrônica.

Em 1997, o estado de Goiás, por meio da Secretaria Estadual de Educação (SEED-GO), se credenciou junto ao ProInfo, elaborando e aprovando seu projeto de informática na educação com o propósito geral de "[...] assegurar a implantação e utilização da informática na Educação pelas escolas de 1º e 2º graus das redes estadual e municipal, proporcionando à comunidade goiana a cultura de informática" (GOIÁS, 1997, p. 5).

A proposta apresentada ao ProInfo foi elaborada pela SEED-GO em parceria com a Universidade Federal de Goiás (UFG), o então Centro Federal de Educação Tecnológica de Goiás (Cefet) e a Empresa Pública de Processamento de Dados (Emcidec), em uma década (1997–2006). Segundo o ProInfo, entre 1997 e 1999, Goiás recebeu cerca de quatro milhões de reais, correspondente a 3,5% do total de investimento nacional, conforme mostra a Tabela 01, a seguir.

TABELA 01

RESUMO DE INVESTIMENTOS REALIZADOS PELO PROINFO DE 1997 A 1999
(EM MILHARES DE REAIS)

	GOIÁS		BRASIL	
Gastos com capacitação	754,18	18,5%	16.408,80	14,9%
Hardware, software e desenvolvimento institucional	3.291,09	81,4%	94.031,20	85,1%
Total de investimentos	4.045,27	100,0%	110.440,00	100,0%
Participação nacional	–	3,5%	–	100,0%

Fonte: Rocha (2001, p. 59).

Em seu propósito de proporcionar à comunidade goiana o acesso à cultura informatizada, a SEED-GO estabeleceu objetivos específicos, dentre os quais, cabe mencionar: a) sensibilizar a sociedade goiana, comunidade e unidades escolares sobre o programa de informática na educação; b) implantar e democratizar o acesso aos meios de comunicação modernos (redes), possibilitando aos estudantes e aos diversos segmentos da sociedade condições de utilização das diferentes fontes de informações; c) estruturar e implantar núcleos de tecnologia educacional para suporte técnico e pedagógico às unidades escolares inseridas no Programa Nacional de Informática na Educação; d) contribuir para a melhoria do processo de ensino e aprendizagem; e) capacitar recursos humanos para a utilização da informática na educação; f) realizar o acompanhamento e a avaliação do ProInfo no estado (GOIÁS, 1997, p. 5).

Nesse sentido, apesar do estágio embrionário e das primeiras manifestações da presença da informática nas escolas de Goiás serem consideradas difíceis, o texto do projeto de Goiás assevera que,

> [...] a linguagem de informática contribuirá para que o estudante possa desenvolver sua criatividade, refletir sobre o próprio erro, interagir com seus colegas de forma mais crítica, ativa e atualizada, assegurando-lhe compartilhar significados e desenvolver habilidades indispensáveis na elaboração de sua leitura de mundo, na compreensão do processo dialético de construção e reconstrução histórica do conhecimento. (GOIÁS, 1997, p.18)

Cada unidade educativa, escola ou Núcleo de Tecnologia Educacional (NTE) deveria se estruturar sobre uma rede local (*intranet*), contendo uma máquina servidora e estações de trabalho multimídia em número de dez, quinze ou vinte. Estações de trabalho são computadores destinados à capacitação de estudantes no uso de tecnologias variadas, destacando-se "*softwares* de editoração, planilhas, apresentação, banco de dados, *Internet*, correio eletrônico (*e-mail*), gráficos, dicionários e outros" (GOIÁS, 1997, p. 66). Alguns dos *softwares* previstos para o microservidor foram o "*Microsoft Windows NT*, versão 4.0 ou superior e *Microsoft SQL Server* 6.5 ou superior" (GOIÁS, 1997, p. 71).

Além destes *softwares*, foram acrescidos o *software* MegaLogo. Valente (1996, p. 258) entende que este foi um *software* computacional divulgado entusiasticamente pelos adeptos da filosofia Logo e foi comumente ensinado nos cursos de treinamento dos professores multiplicadores. Atualmente, outros *softwares* podem ser inseridos nos computadores a pedido dos professores, que devem estar habilitados no uso dessas tecnologias.

O ProInfo posteriormente passou a atender a cerca de 650.000 estudantes em todo o estado com dezenove unidades de atendimento para treinamento dos professores e 166 unidades escolares com laboratórios. A seguir, a tabela 02 mostra esses dados informados pelo ProInfo.

TABELA 02

ESTRUTURA DE ATENDIMENTO ÀS ESCOLAS PELO PROINFO

ESTRUTURA	QTD.
NTEs no estado de Goiás	19
Escolas atendidas pelo programa do estado	166
Micros distribuídos para o estado	3.097
Estudantes atendidos pelo programa no estado	645.611
Professores capacitados pelo programa	3.930
Técnicos de suporte capacitados pelo programa no estado	11
Estudantes monitores capacitados pelo programa no estado	86
Multiplicadores formados pelo programa no estado	85
Escolas estaduais atendidas	125
Micros em escolas estaduais	1.660
Professores atendidos nas escolas estaduais	5.032
Estudantes de Ensino Médio atendidos em escolas estaduais	38.891
Estudantes de Ensino Fundamental atendidos em escolas estaduais	54.310
Escolas municipais atendidas	39
Micros em escolas municipais	514
Professores atendidos nas escolas municipais	958
Estudantes de Ensino Médio atendidos em escolas municipais	28
Estudantes de Ensino Fundamental atendidos em escolas municipais	20.813

Fonte: http://www.proinfo.gov.br/ – acessado em agosto de 2005.

Nesse sentido, verifica-se que o ProInfo foi, ao longo dos anos de sua atuação em Goiás, um dos responsáveis pela inclusão digital tanto dos estudantes, objetivo maior do programa, quanto dos professores e da comunidade em geral, já que muitos dos cursos ministrados nesse programa foram abertos à comunidade. Assim, no contexto da escola pública de educação básica, toda e qualquer disciplina pode usufruir dos ganhos do espaço dos laboratórios de informática, que possuem acesso à *Internet* e programas para o desenvolvimento de projetos pedagógicos.

Para se compreender melhor o que significa a inclusão destas tecnologias no ensino musical escolar, enfocaremos a seguir a relação entre a educação musical e a informática, passando, primeiramente, pelos pressupostos teóricos e metodológicos essenciais da educação musical.

EDUCAÇÃO MUSICAL E INFORMÁTICA

Antes de tratar dos aspectos específicos do ensino de música e sua relação com as novas tecnologias de informação e comunicação (NTICs), faremos um esclarecimento sobre as características do ensino musical e de suas principais correntes, filosofias e métodos.

PRESSUPOSTOS DA EDUCAÇÃO MUSICAL

Fonterrada (2005) sintetiza em um histórico o papel da música na educação desde a Idade Antiga, passando pela Idade Média, Renascimento e enfatizando a Idade Moderna. O referido histórico identifica os precursores dos métodos ativos da educação musical em Rousseau, Pestalozzi, Herbart e Froebel. Posteriormente, cita outras abordagens, como as de Rameou, Hegel, Hanslick, Helmholtz, Riemann, Stumpf. No início do século XX, identifica os nomes que sustentam a abordagem moderna de educação musical, cujas propostas fundamentam e influenciam projetos de ensino musical em diversos contextos pedagógicos, os quais são: Èmile Jacques Dalcroze, Zoltan Kodàly e Carll Orff.

Acredita-se que estes educadores musicais trabalharam com algumas abordagens altamente significativas por considerarem importantes questões relativas às mudanças pedagógicas e metodológicas advindas das novas formas de concepção do ensino musical. Nesse sentido, procuramos pontuar algumas características de suas abordagens com aspectos considerados importantes em suas metodologias de ensino musical. Inicialmente, com Dalcroze, Orff, Kodàly e, posteriormente, com Schafer, Koellreutter e Swanwick.

Como pode-se verificar em Goulart (2003) e em Penna (1990), o primeiro a lançar as bases para a pedagogia musical moderna e a influenciar as práticas pedagógicas até os dias de hoje foi Jaques Dalcroze. Destaca-se em sua prática pedagógica o uso de procedimentos mediadores do conhecimento musical e o corpo e o movimento como referências para o aprendizado.

Dalcroze procurava integrar o movimento corporal na vivência musical e na *performance*, tornando-a mais expressiva. Kodàly, por outro lado, preocupava-se com um ensino musical contextualizado e acreditava que a música tinha que ser para todos. Por isso, dedicou-se com determinação a tornar a música uma linguagem compreensível para todo o povo húngaro, tornando-a parte integrante da educação geral de seu país. Ele considerava o canto como fundamento da cultura musical, pois a voz é o modo mais imediato e pessoal para se expressar em música, o que nos ajuda no desenvolvimento emocional e intelectual. Para Kodàly, por meio das nossas próprias atividades musicais, aprendemos conceitos como pulsação, ritmo e forma da melodia.

O trabalho de Carl Orff, que fundamenta muitas práticas pedagógico-musicais até os dias de hoje, é baseado em atividades lúdicas: cantar, dizer rimas, bater palmas, dançar e percutir em qualquer objeto que esteja à mão. Esses instintos são direcionados para o fazer musical e partem, depois, para ler e escrever, da mesma forma como aprendemos nossa linguagem. No centro de tudo, está a improvisação e a experimentação, o instinto que as crianças têm de criar suas próprias melodias, de explorar sua imaginação. Para isso, Orff utilizava instrumentos especiais para o método, como xilofones e metalofones, que oferecem como atrativo a facilidade de se controlar as notas disponíveis e também a produção imediata do som.

Como em Dalcroze e Kodàly, a proposta de Orff destinava-se a todas as crianças, não buscando os talentos privilegiados, pois cada aluno contribuía de acordo com a sua habilidade. Muitos de seus estudantes não tinham qualquer conhecimento musical prévio. Por isso, ele enfatizava o uso de sons e gestos corporais para expressar o ritmo e a voz como o primeiro e mais natural dos instrumentos. Para Orff, a improvisação e a criação representavam experiências musicais prazerosas que deveriam continuar por toda a vida.

Assim, sintetizando, pode-se indicar alguns pontos de convergência entre Dalcroze, Orff e Kodàly, no que diz respeito ao uso de procedimentos. A seguir, destaca-se aquilo que é considerado essencial nestes pontos de convergência:

a) A integração da música com outras formas de expressão, como a linguagem falada e a dança – a busca pela mediação pedagógica; a analogia com a linguagem, apenas como expressão artística, mas, também, quanto ao processo de aprendizado (Kodàly fala em "língua musical materna" referindo-se ao folclore) – a busca pela contextualização cultural.

b) O material sonoro já familiar à criança como ponto de partida, valorizando o que ela já conhece previamente, criando vínculos de associação entre este material e os novos conceitos musicais – a criança produz ou cria sua própria música.

c) A prática vem sempre antes da teoria, mesmo para Kodàly, que dá grande importância aos aspectos da alfabetização e da grafia: só se lê ou escreve o que já foi cantado ou vivenciado – a prática precede a teoria.

d) O movimento e o corpo são inseparavelmente integrados ao fazer musical – aspectos de sensibilização musical.

e) A motivação, o prazer, os aspectos lúdicos do aprendizado passam a ser valorizados e considerados fatores fundamentais na educação – a significação musical para os aprendizes.

f) A tendência à democratização da música. Procura-se não excluir ninguém, proporcionando, ao maior número possível de pessoas, o acesso ao universo da música, que é para todos.

A partir de Dalcroze, Orff e Kodàly, inaugura-se uma perspectiva para a educação musical na qual o fazer, o sentir e o pensar podem encontrar seu equilíbrio na aprendizagem musical. Nessa perspectiva, acredita-se que quaisquer ações ou possibilidades estratégicas em educação musical devem levar em conta as propostas desenvolvidas por esses grandes educadores musicais.

Nessa nova visão de educação musical, situam-se também educadores, como Murray Schafer, Koellreutter e Swanwick, que desenvolveram reflexões pertinentes e cujas experiências são riquíssimas para o conhecimento pedagógico musical.

O trabalho realizado por Schafer (1991) se baseia em reflexões realizadas a partir da prática do ensino musical, em décadas de experiências. A busca pela renovação do currículo e por novas abordagens nas relações didático-pedagógicas se expressa como marcos de seu ideário. Segundo esse autor, o principal objetivo de seu trabalho tem sido o fazer musical criativo e a busca por novas abordagens educativo-musicais. Assim, ele ressalta:

> Tenho a firme convicção de que o colapso das especializações e o crescimento do interesse nos empreendimentos interdisciplinares não devem passar despercebidos a quem esteja engajado em qualquer tipo de educação musical. Durante o séc. XX as artes tem-se mostrado suscetíveis à fusão e à interação. Dalcroze estava certamente muito à frente de seu tempo quando, por volta de 1900, desenvolveu sua eurritmia, pela qual o treinamento na arte temporal da música foi atraído para dentro da sinergia, com a atividade do movimento do corpo no espaço. (SCHAFER, 1991, p. 305)

Koellreutter, outro grande nome da educação musical, é enfático ao tratar da interdisciplinaridade e do uso de novos meios de ensino musical. Segundo ele, o ensino de música, que deve ser pré-figurativo, exige que o professor esteja em constante processo de formação em virtude da rápida transformação de conhecimentos e técnicas que caracterizou o século XX. Assim, de acordo com as palavras do autor:

> O mundo tecnológico criou seus próprios meios de expressão, estes surgiram inteiramente de seu mundo material e mental. A questão agora é conquistá-lo e colocá-lo sob o controle do espírito artístico. Com esse desenvolvimento, arte e ciência interpenetrar-se-ão de maneira proveitosa. Numa cultura planetária a ciência terá lugar de destaque em cada esfera da vida, até mais talvez do que no presente. Estou certo de que, nessa reorientação, alguns valores humanos que por muito tempo foram suprimidos ou retirados do controle

> consciente, serão redescobertos, reconhecidos e valorizados como novos, determinando novamente nossa cultura. (KOELLREUTTER, 1997 apud BRITO, 2001, p. 39)

Segundo Brito (2001), desde o início do século XX, Koellreutter vem chamando a atenção para a necessidade de um ensino personalizado e criativo que respeite as necessidades do estudante e de um ensino musical contextualizado às novas realidades culturais do momento e à realidade individual do estudante. Esse professor redimensionou o papel da música na educação de modo mais geral, conferindo-lhe funções que transcendem os limites da formação musical. Por isso, ele passou a falar em educação musical funcional, aquela voltada às necessidades da sociedade e do indivíduo em tempo real e não fundamentada em objetivos, valores, princípios e conteúdos que remetem a épocas passadas, em que viviam outros seres humanos, com necessidades e características próprias daquela época (BRITO, 2001).

Koellreutter marca sua concepção de ensino musical nesses moldes e procura reavaliar as questões sobre currículo e conteúdo, procurando ensinar aquilo que o estudante quer aprender. Considerando o ensino como pré-figurativo, propõe,

> [...] na teoria musical, indicar os caminhos para a invenção e a criação de novos princípios de ordem. Levantar novos problemas e levar o estudante à controvérsia e ao questionamento. No ensino da história da música, interpretar e relacionar as obras do passado com o presente e com o desenvolvimento da sociedade. E na composição, ensinar o estudante a criar novas formas e novos princípios de estruturação e forma. (KOELLREUTTER, 1997 apud BRITO, 2001, p. 36)

Assim, Koellreutter prenunciava a necessidade de criação de novos princípios dentro do universo criador musical, assim como Schafer, que considera os aspectos da criatividade como os mais relevantes. Verifica-se, desta forma, que há uma preocupação destes educadores musicais com os aspectos objetivos e subjetivos do conhecimento musical.

Nesse sentido, no processo de iniciação musical, há a necessidade da conscientização das essências do material musical, partindo do princípio de que o som (altura, duração, intensidade, timbre) é a essência da música (afinação, ritmo, agógica e instrumentação) e que suas propriedades são equivalentes. Manipular essas propriedades no universo da musicalização conduz o aprendiz a uma maior habilidade na criação musical, na compreensão da linguagem musical tradicional e na busca por novos padrões e modelos estruturais. Assim, a partir dos conceitos objetivos (que por suas características podem ser reaplicados de forma ampla no processo de construção do conhecimento musical) e por descoberta, o estudante constrói os conceitos, internalizando seus aspectos subjetivos.

Por outro lado, há contrastes ao se analisar os diferentes métodos da pedagogia musical tradicional existentes. Mesmo em relação à prática pedagógica, percebe-se que uma grande fragmentação dos processos de ensino e aprendizagem subsistem (PAREJO, 2003). Considerando a relação estudante/disciplina, verifica-se que, tradicionalmente, o currículo musical a ser transmitido assume a ênfase no processo. A técnica (instrumental, leitura e escrita) torna-se um fim em si mesmo e não um meio para se atingir a finalidade expressiva. O desenvolvimento da técnica instrumental, o domínio intelectual dos conceitos, a memorização de eventos torna-se mais importante que a forma individual de experimentar o fenômeno sonoro.

Uma pedagogia musical equilibrada, ao contrário, abre espaço para a valorização das dimensões conceituais e objetivas em sua relação com o subjetivo emocional, relacional, criativo e experimental. Há a necessidade de se promover relações entre o aprendiz e a música, de forma que haja o contato com os aspectos objetivos e subjetivos da estrutura musical.

Isto é esclarecido por Fonterrada (1994), que afirma que o aprendizado de música envolve a constituição do participante musical, tendo por base a constituição da linguagem da música. O uso dessa linguagem irá transformar o participante tanto no que se refere a seus modos de perceber e a suas formas de ação e pensamento, quanto a seus aspectos subjetivos.

Nesse sentido, as pedagogias musicais modernas inauguraram uma nova era para a educação musical, em que o fazer, o sentir e o pensar podem encontrar seu equilíbrio numa forma completa de expressão, valorizando aspectos objetivos do conteúdo e subjetivos da expressividade musical.

Essas teorias, no entanto, e seus respectivos referenciais de ensino musical, não contemplam a abordagem de análise do desenvolvimento musical, tanto dos processos funcionais voltados para o desenvolvimento das ações relacionadas aos procedimentos musicais, quanto para os chamados aspectos cognitivos, voltados para os processos mentais relativos ao conhecimento musical.

Considera-se necessária a busca e a elaboração de uma teoria que demonstre os aspectos do desenvolvimento musical. Nesse sentido, apresentamos, a seguir, o modelo de Swanwick (1991), um dos maiores nomes da pesquisa em educação musical da atualidade, que se propôs a realizar esta busca e esta sistematização.

SWANWICK E SEU MODELO PARA ANÁLISE DO DESENVOLVIMENTO MUSICAL

Segundo Swanwick (1991), o desenvolvimento musical se processa nas relações estabelecidas entre o participante e a música, pois as várias formas de oportunidades de contato com a música permitem a construção do conhecimento musical. Assim, este conhecimento se processa no participante pela ação e pelo pensamento por meio das várias possibilidades de contato musical. Esse relacionamento com a música é norteado pelo princípio da realização pessoal e pela experiência musical como ouvinte, executante e criador. São esses princípios que constituem a base da teoria do desenvolvimento musical proposto no livro *Música, pensamiento y educación* (swanwick, 1991).

O desenvolvimento musical, por conseguinte, se dá primeiramente pela execução, composição e apreciação, que envolve as experiências de manipulação sonora, criação e audição, que estão baseados nas atividades elementares de contato musical.

Swanwick (1991) considera que três pilares sustentam os princípios em educação musical. Em primeiro lugar, deve-se considerar a música como discurso, em segundo, considerar o discurso musical dos estudantes e, em terceiro, a fluência do início ao final. Swanwick (2003, p. 56), considerando a natureza e o valor da música no seu papel social, afirma que por meio do processo da metáfora, nós: a) transformamos sons em "melodias", em gestos; b) transformamos essas "melodias", esses gestos, em estruturas; c) transformamos essas estruturas simbólicas em experiências significativas. Ou seja, há uma escala ascendente de relações que se estabelecem entre o participante aprendiz e a música (sons, melodias, estruturas e significado).

Nas três possibilidades de contato musical, isto é, execução, composição e apreciação, o aprendiz de música no seu processo de desenvolvimento musical passará pelas quatro etapas de desenvolvimento ontogené-tico: sons, melodias, estruturas e significado.

Os PCNs, (BRASIL, 1997a), ao apresentarem sugestões de conteú-dos em música ligados à comunicação, expressão, apropriação e produção, demonstram que os níveis de contato com a arte se relacionam a uma abordagem de compreensão da linguagem musical. Desse modo, há a pos-sibilidade de organização de atividades com objetivos voltados para o de-senvolvimento musical, com destaque para o estudo da criação, execução e apreciação musical enfatizado por Swanwick (2003).

As contribuições de Swanwick vão além dos aspectos metodoló-gicos e práticos do ensino musical. Esse pesquisador tem desenvolvido estudos sobre o desenvolvimento cognitivo-musical. Sua teoria relativa à análise da construção do conhecimento musical possui valor intrínseco e é reaplicável por ter resultados na base de pesquisas transculturais, nas quais se verifica em diversas culturas e em seus mais diversos contextos musicais as mesmas etapas de relação com o fenômeno sonoro musical: materiais (sons), expressão (melodias), forma (estruturas) e valor (signifi-cado) (SWANWICK, 1991).

Com base nessa concepção pedagógica, artística e estética, Swanwi-ck afirma que as artes são formas simbólicas que compartilham sistemas de significados, o que ele chama de discurso. Para esse autor, o fenôme-no dinâmico da metáfora serve de base a todo discurso, compreendendo metáfora como linguagem figurada em geral (SWANWICK, 2003). Assim, compreende-se que é no fazer musical que as experiências são traduzidas em imagens próprias, sendo que essas imagens são introduzidas em novas relações e articuladas com o pensamento dentro de sistemas de sinais, empregando o que Swanwick chama de "conversação". Assim o discurso é produzido, sustentado e desenvolvido. O foco muda de direção da obra para o humano e o social, como é mostrado no Quadro 04.

QUADRO 04
TRANSFORMAÇÕES METAFÓRICAS MUSICAIS

4	VALOR		
3	FORMA	A nova forma incorpora experiências anteriores.	A música informa a vida do sentimento.
2	EXPRESSÃO	As formas expressivas resultam em novas relações.	A música tem vida própria.
1	MATERIAIS	Os sons são ouvidos como formas expressivas.	As notas tornam-se melodias.

Fonte: Swanwick (2003, p. 85).

É nesse sentido que Swanwick desenvolve sua teoria de desenvolvimento musical. A pesquisa da qual se originou essa teoria foi desenvolvida com os discentes da rede de ensino escolar de Londres, onde estudam crianças não musicalizadas pertencentes a várias nações (Inglaterra, Índia, Estados Unidos e Europa). As crianças de três a quinze anos realizaram produções musicais e os pesquisadores verificaram que há uma ordem sequencial qualitativa nas produções de acordo com a idade e com o nível de desenvolvimento musical.

O Quadro 05, mostra, resumidamente, as características de comportamento e conhecimento musical de acordo com as etapas de desenvolvimento relativas à composição/improvisação e à escuta/apreciação.

QUADRO 05
SÍNTESE DAS CARACTERÍSTICAS DO DESENVOLVIMENTO MUSICAL

CRITÉRIOS RELACIONADOS À COMPOSIÇÃO/IMPROVISAÇÃO	CRITÉRIOS RELACIONADOS À ESCUTA/APRECIAÇÃO
METACOGNIÇÃO	
SIMBÓLICO — O domínio técnico está a serviço da comunicação musical. A atenção do ouvinte se centra em relações formais e na qualidade expressiva que se funde à afirmação musical viva, coerente e original feita com compromisso.	**VALOR** — O aprendiz demonstra uma exploração e compromisso pessoal, fazendo uma resenha de uma área de investigação escolhida. Dá provas de intuição individual e manifesta uma dedicação constante a determinadas obras, intérpretes e compositores.
JOGO IMAGINATIVO	
IDIOMÁTICO — Os materiais desenvolvidos tecnicamente incorporam elementos expressivos e estruturais organizados dentro de um estilo musical coerente. Pode haver justaposições estruturais imaginativas durante um período de tempo bastante largo para demonstrar uma capacidade de desenvolver um pensamento musical.	**FORMA** — O estudante situa a música dentro de um contexto estilístico e demonstra conhecer os recursos técnicos e os procedimentos estruturais que caracterizam o idioma concreto, como são as transformações mediante variação, adornos e contrastes de seções, e mediante harmonias características e inflexões sonoras instrumentais ou vocais.
ESPECULATIVO — O aprendiz maneja bem materiais musicais mínimos. A caracterização expressiva pode ser muito convencional, porém, está estruturada de forma interessante, possivelmente experimental. Pode haver variação, transformação e contraste de ideias musicais e o produto pode chamar a atenção.	O aprendiz identifica o não usual e o inesperado no contexto de uma obra concreta e pode, por referência, prestar a atenção ao cárater do timbre vocal e/ou instrumental, do tom, da linguagem, da altura, do ritmo, da frase, da frequência dos caminhos e da sua realização gradual ou repentina.

(continua)

QUADRO 05
SÍNTESE DAS CARACTERÍSTICAS DO DESENVOLVIMENTO MUSICAL

	CRITÉRIOS RELACIONADOS À COMPOSIÇÃO/IMPROVISAÇÃO	CRITÉRIOS RELACIONADOS À ESCUTA/APRECIAÇÃO
IMITAÇÃO		
VERNÁCULA (EXPRESSÃO)	Há um uso constante de um conjunto de materiais. O vocábulo expressivo é uma convenção musical reconhecível. Pode haver muita repetição e pouco contraste e desenvolvimento e será fácil prever o curso da música.	O estudante reconhece os procedimentos musicais comuns e pode identificar elementos como métrica, forma, frase, repetição, sequências, ostinatos, pedal e há certa análise técnica.
PESSOAL – EXPRESSIVO (EXPRESSÃO)	Domínio de materiais mínimos, nem sempre total e suficiente para não permitir a expressão pessoal. Talento, clima e gesto são claramente identificáveis e organizados de um modo bastante espontâneo.	O aprendiz descreve o ambiente e o caráter geral de uma passagem e reconhece caminhos expressivos sem prestar atenção às relações estruturais. Pode haver descrição da música em episódios e histórias dramáticas, associações pessoais e imagens visuais e percepção de qualidades.
DOMÍNIO		
MANIPULATIVO (MATERIAIS)	Os materiais mínimos são manejados cuidadosamente com expressividade escassa. A ordenação musical pode ser arbitrária, confusa e repetitiva, falta coesão e lógica interna.	O estudante identifica, porém não analisa o manejo do material musical.
SENSORIAL (MATERIAIS)	Controle intermitente de materiais musicais mínimos aparece associado a uma caracterização escassa e não expressiva. Não há relações estruturais	O aprendiz reconhece uma clara diferença na altura sonora, geralmente distingue tons, diferentes timbres e estruturas, porém não há uma análise técnica e não explica o caráter expressivo e as relações estruturais.

Fonte: Swanwick (1991, p. 92–93)

(conclusão)

Confirmada a hipótese da pesquisa de Swanwick, pesquisadores e educadores musicais têm refletido sobre os critérios referentes ao desenvolvimento musical dessa teoria, que serve para conduzir o processo de ensino-aprendizagem musical e para avaliar quaisquer contextos pedagógico-musicais. Várias pesquisas realizadas posteriormente confirmam a generalização da teoria (FRANÇA, 1998; HENTSCHKE, 1996).

Esses critérios, segundo França (1998), servem para avaliar o desenvolvimento relativo à produção musical, *performance* e apreciação. São critérios adequados para avaliar o desenvolvimento e a aprendizagem musical, ou mesmo, uma atividade como uma *performance* ou uma atividade prática ou teórico-prática. Assim, no processo de desenvolvimento musical, o estudante passará por essas etapas ontogenéticas (materiais, expressão, forma, valor) até atingir o pico mais elevado, chegando à metacognição e à expressão de valor musical.

Por outro lado, é possível também verificar o nível de conhecimento musical do estudante, sem, necessariamente, ter que avaliar seu processo de desenvolvimento. Segundo França (1998), apesar destas características se estruturarem gradativamente e se solidificarem ao longo dos estudos, elas podem aparecer esporadicamente como experiências vivenciadas (microgenéticas), ou de forma inusitada em um dado momento de *insight* (ou de compreensão súbita) do estudante. O professor de música deve estar atento a tais momentos, pois o estudante prosseguirá o seu desenvolvimento somente se encontrar a base sociocultural para isto.

Estudiosos como Hentschke (1996), Del Ben (1997) e Fernandes (2004) utilizam as características de comportamento musical, presentes nas etapas da teoria de desenvolvimento musical de Swanwick, como critérios para avaliar diversas abordagens de contato com a música, tais como a realização de uma tarefa musical, de uma atividade de iniciação musical, de uma *performance* ou mesmo de um currículo educativo-musical. Configura-se, consequentemente, em uma teoria que permite leituras ontogenéticas e microgenéticas do desenvolvimento musical e "serve de criticismo para avaliação de processos relacionados à atividades musicais" (HENTSCHKE, 1996, p. 175).

Nesse sentido, acredita-se nas contribuições das etapas elencadas por Swanwick relativas ao desenvolvimento musical, por ser uma teoria que propõe critérios de avaliação do desenvolvimento funcional, ou seja, do desenvolvimento musical onto e microgenético do aprendiz de música. Acredita-se que essa abordagem de análise da construção do conhecimento musical, em virtude de sua generalidade, seja aplicável na avaliação do desenvolvimento musical no contexto da escola de ensino básico, assim como na identificação de comportamentos musicais que indicam um desenvolvimento sequencial dos participantes.

Trataremos, a seguir, das questões emergentes na área da música em relação à utilização das novas tecnologias.

QUESTÕES EMERGENTES EM EDUCAÇÃO MUSICAL ESCOLAR NO USO DE NOVAS TECNOLOGIAS

Verificamos anteriormente as características da educação musical, suas principais correntes e métodos e a ocorrência de grandes avanços no pensamento pedagógico musical. No entanto, ao levarmos estas perspectivas para o contexto do ensino público brasileiro atual, identificamos vários fatores desagregadores, além do próprio desafio relativo ao desenvolvimento do trabalho pedagógico musical no ensino básico.

Como já foi exposto no início deste capítulo, o ensino de música no Brasil dentro do contexto escolar possui um histórico complexo, que levou a música a ter dificuldades em se manter como disciplina autônoma na educação básica. Contudo, dentre as propostas existentes, é necessário realizar uma opção tanto no aspecto das filosofias e perspectivas educativo-musicais históricas quanto dos objetivos, metodologias, estratégias e ações, para que o ensino seja planejado, executado e avaliado com sucesso nesse contexto.

A utilização dos meios tecnológicos no ensino musical oferece soluções que põem em prática ações que suprem algumas necessidades, mas também mostram-se como um desafio para a integração de conhecimentos diversificados, como o conhecimento pedagógico, curricular, artístico e tecnológico. No princípio, o diálogo entre a música, a educação e as NTICs provocou objeções de toda ordem. Dizia-se que a tecnologia era coisa fria e racional, não servindo aos desígnios artísticos, ou que ela afastaria o homem da arte e provocaria grande desemprego aos professores e músicos tradicionais. Essa atitude de medo e desconfiança por parte de músicos e educadores dissolveu-se ao longo dos últimos trinta anos, quando eles se deram conta de que essa parceria entre música, tecnologia e educação era antiga. O desemprego não aconteceu e os músicos tradicionais e pedagogos passaram a consumir e utilizar-se da tecnologia para editar partituras, fazer arranjos e automatizar o ensino de solfejo (KRÜGER, 1999).

A era tecnológica fortificou-se no século XXI e o conceito de arte passou a ser repensado e revisto. Composições recentes, tanto na área classificada como erudita (em obras de Luciano Berio, Gilberto Mendes, Chico Mello, Tato Taborda) quanto na área classificada de popular (com Arrigo Barnabé, Hermeto Pascoal, Egberto Gismonti) mostram que os muros entre o erudito e o popular, a vanguarda e a tradição, o internacional e o nacional estão sendo rompidos ou diminuídos. Neste contexto de globalização, a interdisciplinaridade faz parte do dia-a-dia, a transdisciplinaridade recebe adeptos e o multiculturalismo ganhou as ruas (SOUZA, 2001).

Educadores como Dalcroze, Orff e Kodàly renovaram com seus métodos alguns aspectos do ensino da música, mas foi a partir dos anos 1940, com o movimento Música Viva, criado por Koellreutter e, dos anos 1960, com o novo impulso trazido pelas Oficinas de Música, que a presença da música contemporânea fez-se presente, ainda que como sombra, na educação musical brasileira (CAMPOS, 1988). Surgiram no Brasil, no final da década de 1960, no Instituto Villa Lobos (RJ), os primeiros trabalhos de Oficina Musical com Esther Scliar e Reginaldo de Carvalho. Na década de 1970, outras Oficinas de Música foram desenvolvidas na Universidade de Brasília (UnB), por compositores como Sceko e Karter (CUNHA; MARTINS, 1998).

A coexistência dessas estéticas com as novas maneiras de tratar o fenômeno sonoro levaram à elaboração de uma nova linguagem. A utilização dos novos meios de produção musical exigiu outras maneiras de se descrever o som, com uma maior flexibilidade de manipulação dos seus parâmetros. Foram modificados o vocabulário musical, as formas de descrever, representar e relacionar o fenômeno sonoro. As transformações geradas pelo uso desses novos meios de produção musical, aliadas às novas concepções no campo científico sobre o que é conhecimento e sobre como o indivíduo constrói seu conhecimento exigiram novas atitudes quanto à aprendizagem musical.

Esse novo ambiente composto pelo indivíduo que atua por meio de diversas ferramentas utilizando-se de uma linguagem musical multifacetada gera novos padrões estéticos e sonoros. Assim, o enfoque educacional deve levar em consideração todos os elementos que compõem esse cenário, a fim de propiciar ambientes de aprendizagem que levem o indivíduo a agir, a refletir e a expressar suas ideias. As experiências acumuladas pelos Métodos Ativos – Dalcroze, Orff, Kodàly –, pelas Oficinas de Música e pelas outras formas de ensino musical de vanguarda necessitam estar presentes na concepção de *softwares* educativos musicais. Na concepção de tais ambientes de aprendizagem, o computador apresenta-se como uma ferramenta que viabiliza uma nova forma de resgate, descrição e representação do conhecimento, apontando para novas perspectivas da exploração e criação musical.

A tecnologia emergente aliada a essa nova linguagem musical raramente está presente na educação básica atual, sendo utilizada apenas no âmbito da criação musical no ensino superior. Outro fator desagregador é o fato da grande maioria de *softwares* de música ditos pedagógicos serem desenvolvidos com objetivos meramente comerciais que não contemplam os conteúdos e conceitos da nova estética.

Nesse sentido, Cunha e Martins (1998) pontuam alguns aspectos essenciais para a avaliação de *softwares* de Educação Musical. Inicialmente, o *software* pedagógico musical deve ser multicultural, no sentido de ampliar o conhecimento sonoro para várias culturas, seus instrumentos musicais e formas de organização sonora. Ele deve promover o desenvolvimento de uma escuta sem julgamentos, apreciando os sons pela sua forma e textura, utilizando o universo das várias culturas como ampliação da fonte de estímulo para a criação sonora.

O *software* também deve ser interdisciplinar. De modo a promover a integração da música com as outras formas de expressão, com a utilização de imagens, palavras e movimento como pontos geradores para a improvisação e a criação musical, obtendo-se assim a compreensão do fenômeno acústico. Deve, também, manipular e trabalhar os parâmetros sonoros, tais como altura, duração, intensidade, timbre e espacialização sonora. Além de propiciar criatividade, no sentido de "brincar" com os sons da mesma forma que manipulamos cores, formas e argila, levando, assim, o aprendiz a utilizar um tatear sonoro para modificar o timbre e altura do som sem a necessária preocupação com a organização desse material.

Outro fator relevante é a interação máquina-aprendiz, pois a elaboração de ambientes computacionais de criação musical deve ter uma sustentação pedagógica para que tais ambientes não percam em interação. Sem tal sustentação, corre-se o risco de que os ambientes possam ser reduzidos em seus propósitos e meios, ocasionando soluções deficitárias, por não respeitarem a complexidade cognitiva dos indivíduos (CUNHA; MARTINS, 1998).

Em razão destas possibilidades, acredita-se que o ganho no uso do computador para o contexto de aprendizagem está vinculado ao apoio para a viabilização e explicitação de ideias musicais. Um sistema de representação computacional deve dar suporte e facilitar o processamento dessas ideias. O indivíduo terá também mais oportunidades de expressar e trabalhar seu conhecimento, permitindo assim a criação de possibilidades mais diretas e diversificadas.

Supõe-se que os avanços tecnológicos devem estar disponíveis na educação musical na sua totalidade, em qualquer processo criativo sonoro--musical de experimentações e improvisações, e não apenas em seus níveis mais avançados, como o da composição. Um ambiente computacional voltado à experimentação musical deve favorecer a atuação das pessoas que estejam ingressando na área, de forma que possam conceber e executar suas criações musicais num contexto autônomo de tomada de decisões. É preciso manter sempre um princípio que garanta a exploração, a criação, a depuração e a compreensão do processo sob o controle do aprendiz.

Alguns aplicativos abordam um determinado assunto em profundidade. Outros apresentam noções básicas de categorias, como teoria musical, história da música, percepção musical. As enciclopédias dispõem de informações sobre instrumentos musicais. A *Internet* já vem sendo explorada tanto pelos educadores, em busca de formação e informações, como pelos estudantes, funcionando como uma imensa biblioteca de informações, recursos e arquivos para pesquisa. Toda essa nova gama de recursos para a aprendizagem musical tende a desenvolver novos processos de apropriação de conhecimentos. Tais processos devem ter foco não somente nos objetivos e resultados relacionados aos aspectos técnicos ou materiais, mas também na consciência sobre as consequentes mudanças nos níveis didático-pedagógicos e seus efeitos cognitivos.

Por causa dessa abrangência de influências e necessidades, faz-se necessário desenvolver uma teoria que possa esclarecer o papel das tecnologias como mediadoras da aprendizagem musical, suas implicações didático-pedagógicas e as características do desenvolvimento cognitivo musical dos aprendizes, considerando os aspectos próprios da pedagogia musical e os da psicologia educacional. Nesse sentido, lançamos mão do socioconstrutivismo com a finalidade de verificar algumas de suas contribuições, objetivando, a partir de seus fundamentos, conduzir o processo de análise da construção do conhecimento em música mediado pelos recursos informáticos. É o que discutiremos no próximo capítulo.

2

Contribuições do Socioconstrutivismo

O socioconstrutivismo se mostra adequado às necessidades das pesquisas em arte-educação, porque expõe as características do desenvolvimento cognitivo, considerando todos os aspectos que interferem na aprendizagem. No âmbito das pesquisas em informática educativa, por exemplo, a figura de Vigotsky chega a ser um ponto comum, sendo segura a transposição de suas teorias para contextos afins. Por outro lado, para as pesquisas em educação musical as suas descobertas, formulações científicas e teóricas ainda são pouco presentes, tornando-se um desafio para a área. Outro desafio é o fato de serem raras as pesquisas no âmbito do desenvolvimento das gêneses cognitivas voltadas para o trabalho da criação artística.

Tanto Piaget quanto Vigotsky demonstraram, em momentos diferentes de suas pesquisas, certo interesse pelos processos psicológicos e cognitivos relacionados ao fazer artístico. Vigotsky, por exemplo, evidenciou o fato do fazer artístico ser um fazer de complexo significado e especificamente humano (VIGOTSKY, 1999). Nesse sentido, é necessária a consciência sobre alguns conceitos úteis às pesquisas voltadas para as novas tecnologias e de aspecto cognitivo-cultural.

Um conceito comumente discutido em informática educativa é a oposição entre construção e instrução. Construção faz menção às perspectivas construtivistas e, instrução faz menção às práticas de ensino-aprendizagem tradicionais e conteudistas (ALMEIDA, 2000). Outro conceito abordado pela pedagogia e que consideramos essencial para este livro é o de "construção de conceitos", ligado à abordagem cognitiva e sociocultural construtivista (JAPIASSU, 1999). Abordaremos também os conceitos de "mediação", "internalização", "pensamento e linguagem", "Zona de Desenvolvimento Proximal" (ZDP) e sua relação com o ensino no contexto das novas tecnologias (NTICs), "Zona de Movimento Livre" (ZML) e "Zona de Promoção de Ação" (ZPA).

Por meio desse corpo teórico, pretendemos propor uma análise do processo educativo musical fundamentado na construção de conceitos sonoro-musicais, tendo por direcionador as possibilidades oferecidas pelos *softwares* musicais encontrados nos laboratórios de informática da escola de ensino básico.

Para fundamentar teoricamente a nossa metodologia de pesquisa, discutiremos os conceitos vigostkyanos de análise microgenética e de construção de conceitos, conceitos estes que estão ligados tanto à avaliação do processo de ensino-aprendizagem quanto à análise qualitativa, cuja teoria, inicialmente fundamentada pelas pesquisas de Vigotsky, foi desenvolvida por outros pesquisadores pioneiros da psicologia empírica como Wertsch (1987) e Inhelder (1996).

Essa fundamentação teórica embasa nossas análises de ordem didático-pedagógica no que concerne tanto aos fundamentos educacionais voltados para o contexto escolar quanto às análises do desenvolvimento cognitivo dos estudantes participantes da pesquisa submetidos ao processo educativo-musical via ambiente multimidiático. A construção de conceitos musicais foi estudada por meio da análise microgenética. Vigotsky e seus seguidores nos fornecem elementos legítimos para o desenvolvimento de pesquisas no âmbito da arte-educação e próprios da educação musical, na qual ocorre um processo de aquisição de artefatos culturais específicos.

VIGOTSKY E O SOCIOCONSTRUTIVISMO

Vigotsky realizou uma leitura bio-psíquico-social do ser humano em um contexto sócio-histórico e cultural. Essa concepção tem suas raízes filosóficas influenciadas pelos pressupostos do materialismo dialético de Marx e Engels, mas possui traços bastante particulares que contribuem para as várias áreas que estudam o fenômeno social (RÊGO, 1995).

O desmoronamento do estado soviético russo contribuiu para a difusão das ideias vigotskyanas em todo o planeta e, mais especificamente, no Brasil. A liberdade de imprensa alcançada após cerca de vinte anos de ditadura militar permitiu uma socialização maior das ideias da Escola Russa de Psicologia junto aos educadores brasileiros. A discussão no meio educacional brasileiro intensificou-se em meados da década de 1980, quando foram publicados no Brasil os primeiros textos de Vigotsky.

O impacto do modelo histórico-cultural do desenvolvimento humano sobre as práticas pedagógicas formais e não formais no Brasil fez-se sentir com especial vigor a partir dos anos 1990, com o incremento da divulgação do pensamento vigotskyano no meio acadêmico e educacional brasileiro. Atualmente, a maior concentração de pesquisas brasileiras sobre a abordagem histórico-cultural do desenvolvimento advém dos trabalhos dos professores Smolka e Pino, da Universidade Estadual de Campinas (Unicamp), e Kohl, da Universidade de São Paulo (USP).

Conforme Rêgo (1995, p.15–16), as teorias, métodos e descobertas da abordagem sócio-histórica significam um avanço para a psicologia e uma orientação para a pedagogia. Constituem, também, um rico material para a análise no campo da antropologia, da linguística, da história, da filosofia e da sociologia.

O principal projeto de Vigotsky consistia na tentativa de estudar os processos de transformação do desenvolvimento humano na sua dimensão histórico-social e ontogenética. Deteve-se no estudo dos mecanismos psicológicos mais sofisticados, as chamadas funções psíquicas superiores, típicas da espécie humana, como o controle consciente do comportamento, a atenção e a lembrança voluntária, a memorização ativa, o pensamento abstrato e a capacidade de planejamento.

Seguindo as premissas do método dialético, procurou identificar as mudanças qualitativas do comportamento que ocorrem ao longo do desenvolvimento humano e sua relação com o contexto social. Realizou importantes reflexões sobre a questão da educação e de seu papel no desenvolvimento humano. Dedicou-se ao estudo da aprendizagem e do desenvolvimento infantil, integrando aspectos biológicos, psicológicos e antropológicos.

Cole (1998, p. 7) considera que Vigostky "foi o primeiro psicólogo moderno a sugerir os mecanismos pelos quais a cultura torna-se parte da natureza de cada pessoa". Um dos pontos centrais de sua teoria é que as funções psicológicas superiores são de origem sociocultural e emergem de processos psicológicos elementares de origem biológica, ou seja, a complexidade da estrutura humana deriva do processo de desenvolvimento enraizado nas relações entre história individual e social (VIGOTSKY, 1991).

Baquero (1998) esclarece que Vigotsky, após graduar-se em direito, volta à universidade para estudar medicina e começa uma intensa atividade científica e profissional em diversos terrenos, incluindo a psicologia e os problemas relativos às artes, à educação e à pedagogia. De acordo com as palavras do próprio Vigotsky (1999),

> Por um lado, o estudo das artes começa a carecer cada vez mais de fundamentações psicológicas. Por outro, a psicologia, ao tentar explicar o comportamento em seu conjunto, também não pode deixar de propender para os complexos problemas da reação estética. [...] O objetivo da nossa pesquisa foi justamente rever a psicologia tradicional da arte e tentar indicar um novo campo de pesquisa para a psicologia objetiva – levantar o problema, oferecer o método e o princípio psicológico básico de explicação, e só. (VIGOTSKY, 1999, p. 1–2)

Apesar da diversidade de interesses e de sua produção prolífica, é evidente a inclinação de Vigotsky pela psicologia. Bock (2001) destaca que a psicologia sócio-histórica de Vigotsky realizou críticas às posições reducionistas e incentivou a produção de uma psicologia dialética. Nesse sentido, concebe o homem como ativo, social e histórico numa postura crítica às tendências abstratas em análise psicológica. Contrapondo-se à tendência metafísica, a psicologia sócio-histórica acredita que o fenômeno psicológico se desenvolve ao longo do tempo e não pertence à natureza humana, não preexiste ao homem e necessariamente reflete a condição social, econômica e cultural em que vivem os homens (BOCK, 2001).

Para essa teoria, falar de fenômeno psicológico é falar obrigatoriamente da sociedade. A compreensão do mundo psicológico (mundo interno) requer a compreensão do mundo social (mundo externo). Então, o fenômeno psicológico deve ser entendido como construção no nível individual do mundo simbólico que é social. Ainda de acordo com Bock:

> Superando definitivamente visões metafísicas do fenômeno psicológico, a teoria sócio-histórica parte da realidade social e cultural e não das ideologias universais e abstratas, que sendo idéias particulares da classe

> dominante não correspondem ao real e ao concreto, visto que no real existem concretamente classes particulares e não a universalidade humana. (BOCK, 2001, p. 27)

Sendo assim, o mundo social e o psicológico caminham juntos em seu movimento. Como proposição teórico-metodológica, a metodologia materialista histórica e dialética possibilita superar a perspectiva positivista e idealista presente na psicologia.

Sumariamente, o método materialista histórico e dialético caracteriza-se por ser uma concepção segundo a qual a realidade material tem existência independente em relação às ideias. Existem leis na realidade e é possível conhecer a realidade e suas leis. Em sua concepção dialética, a contradição é característica fundamental de tudo que existe. A contradição e sua superação são bases do movimento de transformação constante da realidade, para a qual o movimento da realidade está expresso nas leis da dialética e em suas categorias.

O método materialista histórico e dialético tem uma concepção segundo a qual a história deve ser analisada com base na realidade concreta e não a partir das ideias. Por sua vez, as leis da história são as leis do movimento de transformação constante, que tem por base a contradição. As leis que regem a sociedade e os homens não são naturais, mas históricas; não são alheias aos homens, porque são resultados de sua ação sobre a realidade (trabalho e relações sociais). Essas leis não são objetivas; a objetividade inclui a subjetividade porque é produzida por participantes concretos, que são, ao mesmo tempo, constituídos socialmente e historicamente.

Com base nesses pressupostos metodológicos e nas categorias decorrentes, passamos a examinar os objetos, buscando entendê-los na sua totalidade concreta na qual as partes estão em interação. Passamos a acompanhar o movimento e a transformação contínua dos fenômenos; a entender que a mudança dos fenômenos é qualitativa e se dá por acúmulo de elementos quantitativos que se convertem em qualidade, alterando o fenômeno. Nesse sentido, é possível entender que o movimento e a transformação das coisas se dão porque no próprio interior delas coexistem forças opostas. A contradição existente em todo objeto é a força de seu movimento de transformação. É na relação desse objeto com o mundo que o cerca que os elementos contraditórios se constituem (BOCK, 2001).

Bock (2001) conclui que a metodologia sócio-histórica apresenta pressupostos que abandonam a pretensa neutralidade do positivismo, a enganosa objetividade do cientista, o determinismo dos fenômenos e o idealismo, colocando sua produção à materialidade do mundo e criando a possibilidade de uma ciência crítica à ideologia até então produzida. Há na metodologia sócio-histórica a consciência de que vários fatores influenciam os fenômenos materiais.

Nesse sentido, ainda perpassa em toda a obra de Vigotsky o interesse pelo discurso e o signo, pela correlação entre intelecto e emoção, indivíduo e coletividade. Por isso, em sua Psicologia da Arte, Vigotsky (1999) dedica-se precisamente a esses problemas com base em matéria da arte do discurso. A formulação teórica e epistemológica desenvolvida por essa perspectiva irá encaminhar pesquisas no eixo do desenvolvimento cognitivo designado como construtivista.

As fundamentações didáticas e pedagógicas advindas das pesquisas e formulações teóricas do socioconstrutivismo, na contemporaneidade, têm influenciado muitas correntes pedagógicas relacionadas ao desenvolvimento cognitivo em situações de contato com a arte, como é o caso das pesquisas sobre as novas ferramentas da informática no contexto de ensino e aprendizagem. Isso oferece possibilidades para o entendimento de ações e de estratégias educacionais no contexto cultural-musical. Abre, também, possibilidades para o desenvolvimento de pesquisas de cunho cognitivo-analítico. Na próxima seção, discutiremos os conceitos de construção e de instrução na informática educativa.

CONSTRUÇÃO *VERSUS* INSTRUÇÃO NA INFORMÁTICA EDUCATIVA

A informática na educação possui duas grandes vertentes taxonômicas, o próprio ensino da informática e o ensino pela informática. Tendências pedagógicas de ensino, tanto em uma linha quanto em outra, podem ocorrer dentro de uma abordagem instrucionista ou construcionista (ALMEIDA, 1996).

A vertente instrucionista está associada à psicologia behaviorista, que acredita que o comportamento humano pode ser modificado por meio da interação estímulo-resposta e que a educação deve ser planejada, passo a passo, de modo a obter os resultados desejados na formação do estudante (FERRARI, 2003, p. 65). A educação comportamentalista está mais associada ao trabalho de Skinner, para quem a aprendizagem corresponde a exibir o comportamento apropriado.

A instrução assistida por computador, termo que corresponde ao inglês *Computer Assisted Instruction*, cuja sigla é CAI, refere-se, na vertente comportamentalista, a *softwares* desenvolvidos para estimular a modificação do comportamento. Para isso, esses *softwares* utilizam-se de atividades práticas, exercícios e simulações.

Já a vertente construtivista apresenta uma alternativa ao comportamentalismo, pois acredita que há um mundo real que podemos experimentar. Há muitas maneiras de estruturar o mundo e muitas perspectivas para se perceber os eventos, não havendo um caminho único e correto para seguir. Na teoria construtivista, cujos estudos começaram com Piaget, o conhecimento não pode ser concebido como algo predeterminado desde o nascimento, nem como o resultado do simples registro de percepções e informações (PIAGET, 1926 apud INHELDER, 1996, p.8). O conhecimento resulta das ações e interações do participante com o ambiente físico e social em que vive. Todo conhecimento é uma construção elaborada desde a infância por meio das interações do participante com os objetos que procura conhecer, os quais podem ser do mundo físico ou simbólico.

Softwares que seguem a teoria construtivista devem permitir ao estudante a interação e a representação virtual. O estudante não deve apenas tomar decisões, mas sim vivenciar, participar, experimentar. Nesse sentido, o socioconstrutivismo mostra-se adequado a qualquer concepção de ensino e aprendizagem, na qual o foco é o conhecimento elaborado na mediação, na internalização e na interação social.

Um exemplo desse tipo de *software* é o Logo. Segundo Valente (1996), esse *software* é utilizado para facilitar a conversão da experiência pessoal em símbolos abstratos e ainda permitir uma interação entre estudantes e entre estudantes e professor. Trabalhos realizados pelo Laboratório de Estudos Cognitivos (LEC) da UFRGS, por exemplo, mostram como o uso desta ferramenta pode auxiliar crianças com dificuldades de aprendizagem da linguagem escrita.

Projetos de multimídia não lineares e/ou hipertextos podem ser usados na criação de tutoriais construtivistas. Os estudantes podem não apenas escolher a velocidade com que percorrem o material, mas por onde querem percorrê-lo. Sua aprendizagem deverá ser construída por meio da exploração (PAPERT, 1985). Com a alta *performance* dos processos de computação e comunicação, o desenvolvimento de interfaces cada vez mais poderosas está permitindo a construção de *softwares* com os quais os estudantes podem imergir em ambientes virtuais, tornando-se avatares que colaboram com o aprender-fazendo, usando esses artefatos virtuais para construir conhecimento.

Há ainda uma terceira vertente pedagógica, cujos autores (FREIRE, 1997; KRÜGER, 1999; VALENTE, 1996) propõem a união da teoria construtivista com a comportamentalista na elaboração de *softwares* educacionais, justificando que os estudantes podem aprender um conjunto de termos e informações muito bem estruturado por meio do comportamentalismo, com recursos construtivistas que os ajudam a lidar com problemas reais, percorrendo caminhos que os habilitem a resolver problemas. A ideia fundamental dessa vertente é que existe diferença entre treinar uma pessoa e ajudá-la no seu processo de aprendizagem. O projeto de *softwares* tutoriais, inerentemente comportamentalistas, pode agregar aspectos construtivistas, tais como permitir que o estudante decida por qual caminho seguir, favorecer a experimentação e a construção de conhecimentos, dando ao estudante oportunidades de ver exemplos e trazer problemas do mundo real para serem resolvidos.

Nessa perspectiva, o computador pode ser utilizado nas escolas de acordo com as abordagens confrontadas, mostradas no Quadro 06, que apresenta as características das duas linhas pedagógicas abordadas, a instrucionista e a construcionista.

QUADRO 06
COMPARAÇÃO DAS ABORDAGENS INSTRUCIONISTA E CONSTRUCIONISTA EM EDUCAÇÃO INFORMÁTICA

INTRUCIONISTA	CONSTRUTIVISTA
• consiste na informatização dos métodos de ensino tradicionais;	• permite que o estudante expresse seu estilo cognitivo;
• transforma o computador em máquina de ensinar;	• permite que o estudante reflita sobre o que está fazendo;
• repassa ao estudante uma série de informações pré-programadas no computador;	• permite que o estudante aprenda usando razão e emoção;
• apresenta o conteúdo a ser ensinado conforme a estrutura de pensamento do especialista que o elaborou;	• centra-se no pensar,
• conduz a uma atividade mecânica e repetitiva;	• estimula a criatividade,
• não abre espaço para que o estudante que o utiliza expresse seus próprios pensamentos;	• apresenta desafios,
• deixa para o professor o trabalho de provocar a reflexão do estudante;	• estabelece conflito cognitivo;
	• tem por base a aprendizagem por descoberta;
	• pode ser um poderoso auxiliar numa mudança de paradigma de ensino;
	• deve ser usado como uma máquina a ser ensinada;
	• vê a aprendizagem como uma construção;
	• considera os erros como fontes para novas reflexões;
	• centra a aprendizagem no educando e não no professor.

Adaptado de Valente (1996).

Já o Quadro 07 sintetiza e confronta as ideias principais das correntes pedagógicas opostas, mostrando como é o controle do estudante nas duas vertentes, assim como o nível de complexidade e de desafio presentes no processo de construção do conhecimento.

QUADRO 07
HEURÍSTICA PARA AVALIAÇÃO DE QUESTÕES DE APRENDIZADO NO
USO DE *SOFTWARE* PEDAGÓGICO

	BEHAVIORISMO	CONSTRUTIVISMO
CONTROLE DO ESTUDANTE	Controle mínimo ou falta de controle, com estudantes vistos como consumidores passivos.	Níveis de controle significantes, com estudantes vistos como participantes ativos e com objetivos.
COMPLEXIDADE	Material altamente estruturado apresentado em formato simples, com pequenos degraus para maximizar a chance de reforço positivo.	Material tipicamente complexo, permitindo uma variedade de conteúdo a ser considerado e uma série de processos a serem executados.
DESAFIO	Gratificações conseguidas artificialmente, tipicamente em forma de prêmios extrínsecos não relacionados ao conteúdo, como apresentação de ilustrações atrativas ou uso de som.	Premiações intrínsecas devido ao término bem sucedido das tarefas complexas.

Fonte: Krüger (1999).

Alguns pensadores são comumente relacionados às bases da educação construcionista. De acordo com Papert (1985), temos: a) Dewey, com o método da descoberta e com a aquisição do saber como fruto do processo de reflexão sobre a experiência; b) Freire, com a educação progressista e emancipadora, para o qual a prática educativa deve priorizar trocas entre o conhecimento já adquirido pelo educando e a construção de um saber científico; c) Piaget, com a epistemologia genética, em que o conhecimento realmente ocorre quando o participante consegue refletir sobre o fazer, no domínio do pensamento da ação; d) Vigotsky, com a zona de desenvolvimento proximal (ZDP), em que o indivíduo constrói sua própria visão de mundo e sua forma de atuar nele com base em interações sociais, sendo que o professor atua dentro da ZDP do estudante, isto é, entre o que o estudante já sabe e o que potencialmente é capaz de fazer, se receber ajuda.

Almeida (1996) destaca a postura do professor construcionista, caracterizada por:

a) visão do conhecimento como algo em construção; b) reflexão constante sobre a própria prática; c) o professor servindo como modelo de aprendiz; d) mentalidade aberta; e) responsabilidade e f) entusiasmo. Segundo as palavras desse autor:

> Um professor que tem a mentalidade aberta é aquele que convive com as diferenças, analisa as possíveis alternativas, incita o debate, a crítica, o confronto, a dúvida, promove a construção do conhecimento, fazendo uso de conteúdos formais e estruturados. [...] A responsabilidade refere-se ao autodomínio e ao ato de assumir as consequências das próprias posições, responsabilidade no sentido intelectual e ético. (ALMEIDA, 1996, p. 62).

De acordo com Freire (1997), a postura do professor construcionista deve ser de: a) respeito ao educando; b) querer bem ao educando; c) compreender que a educação é uma forma de intervenção no mundo; d) convicção de que a mudança é possível; e) comprometimento; f) estímulo à curiosidade, à liberdade e à criatividade; g) estímulo à alegria e à esperança; h) corporificação da palavra pelos exemplos; i) humildade e j) reflexão crítica sobre a prática.

Para que o professor aproprie-se dessa proposta, ele necessita estabelecer relações entre a teoria e sua prática na procura por reflexões individuais e coletivas. O processo de formação é contínuo, dinâmico e integrador, o conhecimento é adquirido na ação e a reflexão é realizada na ação e sobre a ação (ALMEIDA, 1996).

Valente (1999) afirma que na atuação do professor construcionista não existe uma receita pronta. Depende do contexto teórico, do estilo do professor e das limitações culturais e sociais que se apresentam em determinada situação. Entretanto, o questionamento constante e a reflexão sobre os resultados do trabalho com o estudante podem ajudar a aprimorar a atuação do professor nessa perspectiva.

A seção seguinte aborda questões relacionadas à zona de desenvolvimento proximal, ao pensamento e à linguagem.

ZONA DE DESENVOLVIMENTO PROXIMAL, PENSAMENTO E LINGUAGEM

Ao prefaciar a edição brasileira de *A psicologia da Arte*, de Vigotsky (1999), Rêgo afirma que a perspectiva histórico-cultural ou socioconstrutivista, na medida em que lançou as bases para uma abordagem holística das investigações biológicas e sociais do ser humano, é considerada tão importante para a ciência como a descoberta do código genético.

Um dos conceitos mais difundidos e conhecidos da abordagem histórico-cultural entre os educadores brasileiros é o de zona de desenvolvimento proximal (ZDP). Esse conceito refere-se à diferença entre os níveis de desenvolvimento potencial e real de participantes submetidos a processos de aprendizagem. Uma de suas implicações pedagógicas, que deve repercutir diretamente na avaliação escolar, é a necessidade de se conceber o aprendizado do estudante prospectivamente, ou seja, levando-se em conta não exclusivamente até onde ele foi capaz de chegar sozinho na resolução de um determinado problema ou no cumprimento de uma tarefa escolar, mas o nível imediatamente superior de desempenho ao qual poderá chegar o aprendiz com a intervenção pedagógica organizada por parte de membros mais experientes da cultura escolar numa determinada modalidade de pensamento e atividade específica, como por exemplo, a atividade musical.

O foco da avaliação passa a ser o processo de ensino e de aprendizagem, direcionado para o alcance de níveis cada vez mais elevados na resolução de problemas ou para o aprimoramento do desempenho escolar na execução de tarefas mais específicas. Não se enfatiza, como na avaliação tradicional, apenas os resultados já alcançados, mas sempre os próximos e melhores resultados que poderão ser obtidos com base em uma intervenção pedagógica organizada e constante. O Quadro 08, a seguir, busca retratar o conceito.

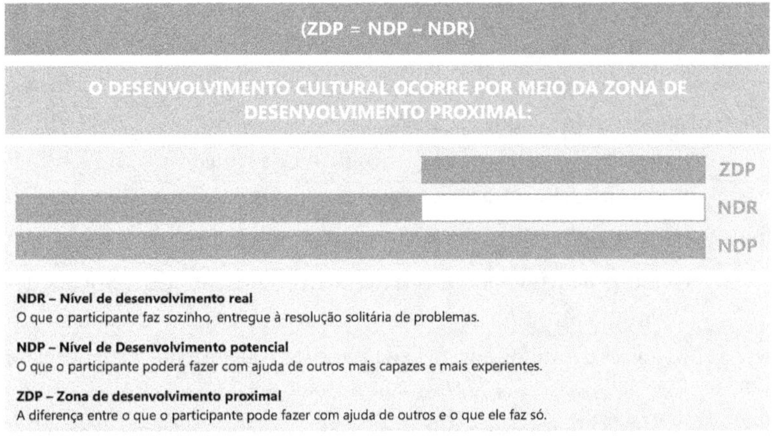

Adaptado de Japiassu (1999).

A ZDP pode ser concebida como um enunciado simbólico que, nesse caso, refere-se à maneira como se dá o desenvolvimento cultural dos seres humanos. Desde que seja entendida como uma área social de desenvolvimento potencial, a ZDP resulta de toda e qualquer relação inter ou intracultural entre seres humanos (LIMA, apud JAPIASSU, 1999) e abarca a compreensão de que determinados contextos são mais ou menos propícios ao desenvolvimento cognitivo.

Outra possibilidade de compreensão da ZDP é a análise realizada por Valsiner (1993, p.12 apud FARIA, 2001), que afirma que "a Zona de Desenvolvimento Proximal deve ser pensada como uma probabilidade", pois quando o participante é guiado a resolver um problema, estão presentes funções que ainda não estão disponíveis. Apenas sabemos intuitivamente que o indivíduo, no futuro próximo, será capaz de usar essas mesmas funções individualmente. Muitos aspectos dos conteúdos subjetivos e objetivos da estrutura musical solicitam uma intervenção do educador para que o estudante possa desenvolver a zona de desenvolvimento proximal.

Acredita-se que esses conceitos da teoria socioconstrutivista possam esclarecer alguns pontos relativos à complexidade da aprendizagem musical, tanto os aspectos relativos à aprendizagem quanto aqueles relacionados à relação pedagógica. A perspectiva sociocultural construtivista tem buscado fazer a síntese entre os pressupostos do construtivismo piagetiano (tendência cognitiva) e da perspectiva sociogenética, elaborada por Baldwin, Mead e Vigotsky, ou seja, entre a singularidade da psicologia individual, marcada pela não conformidade às expectativas externas e o participante sócio-histórico (FARIA, 2001, p. 27).

Tendo em vista a proposta sociocultural construtivista, Valsiner (1989 apud FARIA, 2001) amplia o sistema de zonas formulado por Vigotsky, apresentando outras duas, que são resumidas a seguir:

a) Zona de Movimento Livre (ZML) – conjunto de restrições definidas pelo educador dentro do qual a criança pode agir. São limites definidos por meio da proibição que orienta a criança para ações sociais e cognitivamente apropriadas e tem uma característica de mecanismo psicológico inibitório. É importante ressaltar que esses limites são dinâmicos e permanentemente negociados.

b) Zona de Promoção de Ação (ZPA) – conjunto de ações opostas à zona de movimento livre, no sentido de que é orientada para a promoção de novas habilidades. As ações do educador procuram encorajar diferentes modos de ações desejáveis para a criança. Porém, a criança ou adolescente não precisa sempre concordar com a realização das ações desejáveis. Dessa maneira, a reação do participante canalizará o comportamento do adulto.

A ZML e a ZPA são meios pelos quais o desenvolvimento do participante é gradualmente canalizado. A ZML reflete a estrutura atual das relações participante-objeto e a ZPA reflete a direção desejada do desenvolvimento futuro. Quanto mais o ensino escolar estiver dentro dessas zonas, melhor será o seu resultado (FARIA, 2001).

Para esclarecer esses conceitos, Maciel (1996, p. 38 apud FARIA, 2001) usa uma analogia feita por Valsiner em um curso:

> Imagine-se uma sala sem janelas cujo vazio é preenchido apenas por uma cadeira. A cadeira, quanto sugere o que o participante deve fazer, representa a ZPA. Todo o espaço restante representa a Zona de Movimento Livre, que por sua vez, é limitada por paredes. É dentro

> da ZML que a criança pode tomar iniciativas. Por sua vez a ZPA será
> tão mais estimuladora do desenvolvimento quanto mais ela ocorrer
> dentro da ZDP.

A abordagem sociocultural construtivista, nesse sentido, parte do pressuposto de que cada indivíduo constrói o seu conhecimento, fazendo mediações sociais e relações interpessoais com os outros seres sociais. Concebida dessa maneira, a ZDP resulta de toda e qualquer interação mediada culturalmente, por meio da qual é possível ser instalada, virtualmente, uma área potencial de desenvolvimento.

As implicações pedagógicas do conceito de ZDP apontadas por Vigotsky (1991) referem-se, sobretudo, às intervenções pedagógicas que ocorrem na escola, instância privilegiada na transmissão de informações relevantes ou, mais precisamente, do conhecimento científico historicamente acumulado, como o conhecimento musical. Essas intervenções pedagógicas abrangem os aspectos didático-pedagógicos, os materiais e as estratégias de ensino, assim como o contexto sociocultural dos aprendizes.

Japiassu (1999) afirma que, segundo a perspectiva vigotskyana, todo bom ensino é aquele que se adianta ao desenvolvimento. Essa afirmação deve reverberar nas práticas educativas formais, por valorizar o papel indispensável do professor na organização dos ambientes potenciais de aprendizado, mormente, por meio do planejamento de intervenções pedagógicas metodologicamente elaboradas.

Todavia, a ênfase de Vigotsky no papel da escolarização e do professor na promoção do desenvolvimento cultural não implica conceber o estudante como um ser moldado passivamente pelas injunções histórico--culturais. Algumas implicações pedagógico-escolares de suas ideias são destacadas por Japiassu (1999, p. 45) e descritas sumariamente como:

a) Ênfase no processo intersubjetivo de construção do conhecimento e de significação de enunciados e ações na sala de aula.

b) Valorização do papel do professor que se torna o principal responsável pela organização das intervenções pedagógicas necessárias, tanto no sentido de assegurar as trocas e interações entre as diferentes culturas em sala de aula, quanto pelo planejamento de ambientes de aprendizado que proporcionam a socialização dos conceitos científicos ou sociais. O professor, porém, não é o único detentor do saber, até porque o aprendizado dos estudantes tem início antes do ingresso na instituição escolar e está impregnado dos valores culturais internalizados por meio de suas interações com o grupo social do qual fazem parte.

c) Questionamento da homogeneidade das turmas (por faixa etária, quocientes de inteligência ou níveis socioeconômicos) e, consequentemente, a sinalização de uma perspectiva educacional inclusiva das diferenças.

d) Ampliação do foco da avaliação escolar para além do produto imediato do aprendizado, considerando sua natureza processual, concebendo-a prospectivamente.

Considerando essa linha de pensamento, a teoria histórico-cultural do desenvolvimento foi a primeira a destacar o papel da mediação cultural simbólica exercida pela linguagem falada e escrita na ampliação das potencialidades comunicacionais e intelectuais do ser humano. Vigotsky (1991) entende que o pensamento e a linguagem seguem trajetórias distintas, mas que podem se interligar no processo comunicacional, na inteligência prática ou no pensamento pré-verbal.

A codificação arbitrária de sons para a constituição de palavras que designam coisas, culturalmente transmitida entre gerações, amplia as possibilidades de comunicação de uma pessoa, de suas ações e interações com outras, de maneira semelhante ao modo como as ferramentas, por exemplo, uma pá, amplificam o poder transformador das mãos do ser humano sobre os objetos e as coisas do mundo natural. Os signos, de acordo com Vigotsky, são instrumentos psicológicos que possibilitam um salto qualitativo na maneira de ser e agir dos seres humanos. Pode-se afirmar que, de acordo com esse autor, o uso social de signos demarca nitidamente, na filogênese, o ponto de ruptura entre o comportamento animal, de caráter natural ou biológico e o comportamento cultural, tipicamente humano.

Existe uma relação de analogia entre o uso de signos e o uso de ferramentas que tem por base o caráter mediador desses artefatos, porque ambos são construtos históricos, elaborados com o objetivo de se interpor nas relações interpessoais e nas interações do ser humano com o meio-ambiente natural. Vigotsky explica o funcionamento mental tipicamente humano segundo o princípio da internalização. Para isso, ele começa esclarecendo as especificidades funcionais do signo e da ferramenta. O signo orienta-se sempre para o interior, voltado para o controle, a organização e a transformação do comportamento da própria pessoa, e a ferramenta necessariamente dirige-se para o exterior, direcionada para a transformação dos objetos.

Vigotsky entende que todas as funções psicológicas superiores, exatamente por não serem formas de comportamento biologicamente determinadas, necessitam ser aprendidas ao longo das interações da pessoa com o ambiente cultural no qual ela se encontra. Essas funções invariavelmente seguem uma orientação no sentido fora-dentro, ou seja, descrevem uma trajetória desde o exterior (plano intermental) até o interior do participante (plano intramental). Tais funções têm necessariamente que ocorrer antes entre as pessoas, no nível interpsicológico ou social, para só então passarem a existir no plano intrapsicológico, individual, subjetivo. Sendo assim,

> A internalização de formas culturais de comportamento envolve a reconstrução da atividade psicológica tendo como base as operações com signos. Os processos psicológicos, tal como aparecem nos animais, realmente deixam de existir; são incorporados nesse sistema de comportamento e são culturalmente reconstituídos e desenvolvidos para formar uma nova entidade psicológica. O uso de signos externos é também reconstruído radicalmente. As mudanças nas operações com signos durante o desenvolvimento são semelhantes àquelas que ocorrem na linguagem. [...] A internalização das atividades socialmente enraizadas e historicamente desenvolvidas constitui o aspecto característico da psicologia humana; é a base do salto qualitativo da psicologia animal para a psicologia humana. (VIGOTSKY, 1998 p. 75–76).

Uma vez compreendido o funcionamento mental especificamente humano como um processo que se inicia com a internalização de funções que se desenvolveram com base nas interações intersubjetivas, condicionadas pela configuração histórica das relações materiais de produção do trabalho nos grupos humanos, Vigotsky introduz o conceito de ZDP e torna mais clara a correlação existente entre aprendizado e desenvolvimento, isto é, somente o aprendizado das formas culturais de comportamento pode resultar em desenvolvimento cognitivo na internalização de conceitos mais complexos.

Esse entendimento da importância do aprendizado na internalização de formas superiores de comportamento implica na organização deliberada de intervenções pedagógicas por parte dos membros mais experientes da cultura, já que os seres humanos não têm como aprender complexas maneiras de agir e pensar, que possuem um caráter extrabiológico, quando permanecem entregues a si mesmos ou à maturação espontânea de suas estruturas cognitivas.

Conforme o pensamento vigotskyano, o aprendizado não pode ser confundido com o desenvolvimento, da maneira como acreditam os behavioristas. Tampouco o aprendizado segue a reboque do desenvolvimento, determinado pela maturação biológica das estruturas cognitivas de conhecimento do participante, segundo o postulado da epistemologia genética clássica. E ainda não era suficiente compreender o aprendizado e o desenvolvimento como processos inter-relacionados, conforme acertadamente afirma a psicologia da *gestalt*. Além de ser processo interdependente, o aprendizado constitui-se, para Vigotsky, em mola propulsora do desenvolvimento, movimentando os processos de cognição,

> De fato, por acaso é de se duvidar que a criança aprende a falar com os adultos; ou que, através da formulação de perguntas e respostas, a criança adquire várias informações; ou que, através da imitação dos adultos e através da instrução recebida de como agir, a criança desenvolve um repositório completo de habilidades? (VIGOTSKY, 1998, p. 110)

Nesse sentido, todo processo educativo implica em uma relação dialética, em que ambiente e sociedade contribuem para a construção dos aspectos cognitivos superiores no participante. Necessariamente, o pensamento conceitual é desenvolvido via processo de internalização mediada pelos signos culturais. Com base nessa constatação, surgem várias possibilidades de interpretações pedagógicas que causam implicações diretas no processo de ensino-aprendizagem. Uma delas é a construção de conceitos que integram o aprendizado de todo conteúdo complexo, como o conhecimento matemático, geométrico, estrutural, bem como a compreensão racional de fazeres humanos no campo das artes, da criação e das estruturas organizadas.

ANÁLISE MICROGENÉTICA E CONSTRUÇÃO DE CONCEITOS

Esta obra aborda aspectos da construção do conhecimento musical sob o contexto da informática educativa, enfatizando a verificação da construção de conceitos musicais pelo método qualitativo de análise microgenética. Parte-se do pressuposto de que várias metodologias podem ser usadas para a avaliação da construção do conhecimento no processo educativo musical.

Os princípios para a análise desse desenvolvimento devem estar atrelados à constituição do conhecimento nas dimensões funcionais – saber fazer (SWANWICK, 1991), e estruturais – compreender (INHELDER, 1996), assim como à construção de conceitos (VIGOTSKY, 1998). Essas dimensões, fazer e compreender, não são evidenciadas em testes de cunho quantitativo, de criatividade e percepção musical, tradicionalmente usados. Deste modo, acredita-se nas contribuições dos procedimentos de análise qualitativa para a avaliação do processo de ensino-aprendizagem musical em sua totalidade.

As dimensões qualitativas estão ligadas ao desenvolvimento de conceitos na condição de processos mais significativos de aprendizagem, principalmente ao optar-se por uma abordagem criativa de ensino musical (SWANWICK, 2003). Segundo Mantoan (1993, p. 234), a fusão dessas duas dimensões (fazer e compreender), permite uma "análise mais abrangente do processo e do produto intelectual de participantes em situação de resolução de problemas". Apesar dessa abordagem como possibilidade de verificação da construção de conceitos musicais mostrar-se nova nos centros de pós-graduação com linha de pesquisa em educação musical, ela é tradicionalmente usada para a verificação do desenvolvimento intelectual nos âmbitos da pedagogia e da psicologia socioconstrutivista.

Vigotsky (1998; 1991) é considerado pioneiro dessa abordagem, seguido por seus companheiros de pesquisas Luria e Leontiev. Atualmente, pesquisadores vêm realizando estudos que integram a psicologia sócio-histórica à análise dos processos cognitivos. Branco e Rocha (1998) e Valsiner (1993), por exemplo, têm contribuído para o incremento de metodologias de análise dos microprocessos de desenvolvimento cognitivo, em que a perspectiva sócio-histórica e a dialética marxista são tidas como fundamentos científicos e epistemológicos.

É proposta desta obra realizar uma análise minuciosa da gênese da construção de conceitos musicais, verificando, assim, aspectos essenciais do desenvolvimento musical em contexto específico. Para isso, a análise microgenética, desenvolvida por Inhelder (1996) e Wertsch (1987) mostra-se adequada à proposta de verificação cognitiva socioconstrutivista, em uma perspectiva de verificação do desenvolvimento de conceitos baseada em Vigotsky (1999) e de possíveis relações com a construção do conhecimento em música, fundamentado em Beyer (1998), Penna (1990) e Swanwick (2003).

Estudos realizados mais recentemente por Faria (2001), Mantoan (1998), Martins (1994), e Allessandrini (2004) analisam o microdesenvolvimento cognitivo de participantes, realizando atividades de resolução de problemas envolvendo aspectos matemáticos, musicais e de geometria plana e espacial. Analisam o desenvolvimento de conceitos de criatividade e as relações intra e interpessoais com os objetos e com as tarefas. Os estudos mencionados são exemplos que mostram o funcionamento da metodologia de microanálise do desenvolvimento cognitivo e do encadeamento da construção de conceitos na transformação do conhecimento em ação e da ação em conhecimento.

ANÁLISE MICROGENÉTICA

Vigotsky não é o único autor psicogenético; Piaget e Wallon são dois outros autores bastante conhecidos nessa abordagem. Em contrapartida, Vigotsky (1991) enfatiza o que chama de planos genéticos que, em interação, constituem o psiquismo de cada indivíduo. O primeiro plano é a filogênese, que é a história da espécie. Nesse plano, considera-se a história da espécie para entender como os processos que são tipicamente humanos se originaram.

A sociogênese, ou história cultural, seria um segundo plano no qual se busca compreender a imersão do indivíduo em um mundo cultural, pois todo mundo está em um nicho de cultura que é uma fonte primordial de funcionamento psicológico. É nesse lugar que se aprende a ser uma pessoa, ou seja, adquire-se um modo de vida, aprende-se a comer, a vestir-se, a acreditar ou refutar ideias e crenças. Para uma criança recém-nascida, o mundo é filtrado pelo grupo cultural no qual ela está imersa. Nessa proposta, defende-se a ideia de que o grupo cultural não é apenas sociológico, referente a fatores macroscópicos como nação, classe social, ou nível instrucional, mas relaciona-se a pertinências menores, como nichos culturais particulares, valores familiares, pares com quem se convive e práticas religiosas às quais as pessoas são expostas diariamente.

O terceiro plano é o ontogenético, que trata do percurso do indivíduo durante seu ciclo de vida, do nascimento à morte, da infância à vida adulta. Nesse plano, interessa saber que coisas um indivíduo consegue fazer ou não, dependendo da etapa de desenvolvimento em que se encontra. É interessante ressaltar que o caminho definido pela ontogênese tem relações com a filogênese e com a sociogênese. Assim, um ser humano cresce de determinado jeito e primeiro senta, depois engatinha, depois anda. Os indivíduos humanos são marcados por sequências biológicas no decorrer da vida.

Existe, também, a ideia de que a ontogênese não é pura maturação, porque ela é lida e interpretada pelo grupo cultural. Sobre isto, um exemplo é o período da adolescência, um fato cultural e a puberdade, um fato biológico. A adolescência é um jeito da cultura ler a puberdade e estabelecer práticas e marcações. Em cada cultura, a passagem da infância para a vida adulta é marcada de uma determinada maneira.

Na relação entre esses três planos genéticos, a filogênese fornece limites e possibilidades para a cultura. Há coisas que o ser humano pode fazer e outras que não pode, porque está equipado com limites e possibilidades que são de natureza física. Da filogênese para a sociogênese existe a ideia da restrição. Mas da sociogênese para a filogênese há uma ampliação, pois como ser cultural, o homem expande seus limites, não consegue voar, mas inventa o avião. A escrita, a memória e o computador ampliam a capacidade de operação, da mesma forma que o relógio amplia a noção de tempo. Então, a cultura retroage sobre a filogênese, no sentido de transformar aquele limite que originalmente seria uma restrição. A filogênese alimenta a ontogênese, por que define como o indivíduo vai crescer, dada sua atribuição à espécie humana. A cultura gera os significados, pois ao interpretar as fases da maturação biológica de um indivíduo, as torna biografia, história de vida.

O quarto plano genético é chamado "microgênese", termo cunhado não por Vigotsky, mas por Wertsch (1987). Esse plano diz respeito ao fato de que todo e qualquer fenômeno psicológico tem a sua história, a história de como alguém aprende a ler e a escrever, como aprende a amarrar os sapatos, a andar de bicicleta, a ligar a televisão. O *micro* aqui se refere não à ideia de duração, mas ao fato de como as coisas não nascem prontas e, também não aparecem de uma forma repentina. Tudo tem um processo, ainda que não seja visível externamente. Cabe à psicologia e à pedagogia compreenderem como o indivíduo passa de um estágio para outro, como se processa a aprendizagem, pois tudo no repertório psicológico possui uma gênese.

Essa quarta dimensão constitui-se em uma porta aberta para o não determinismo. Ficar preso à ontogênese e à filogênese leva ao risco de determinismo biológico, como em acreditar que tal fenômeno ocorre assim porque o participante é um ser humano, ou porque tem quatro anos de idade. Por outro lado, centrar a análise na sociogênese pode trazer o risco do determinismo cultural, de homogeneizar o indivíduo e anular o individual e a subjetividade porque o desenvolvimento estaria todo definido pela cultura.

A ideia da microgênese é tipicamente sócio-histórica, materialista e não determinista, porque fragmenta de tal modo a experiência de cada um a ponto de ser possível encontrar a fonte da construção na singularidade. Não é necessário buscar explicações espirituais ou em outra instância extramaterial. A psicologia ocorre em um plano material, mas um material tão complexo e tão diverso a ponto de encontrar na construção de cada vida a fonte de constituição do psiquismo singular (WERTSCH, 1987; ALLESSANDRINI, 2004). Não é possível encontrar duas pessoas iguais. A perspectiva microgenética vai oferecer subsídios para a compreensão dessa singularidade.

Na investigação sobre a constituição de participantes, em especial no que concerne aos processos de contextos pedagógicos, as áreas da educação e da psicologia vêm recorrendo à abordagem metodológica da análise microgenética (GÓES, 2000). De um modo geral, trata-se de uma forma de construção de dados que requer atenção, detalhes e recorte de episódios interativos, sendo o exame orientado para o funcionamento dos participantes focais, das relações intersubjetivas e das condições sociais da situação, resultando num relato minucioso dos acontecimentos. Frequentemente, dadas as demandas de registro implicadas, essa análise é associada ao uso de videogravação, envolvendo o domínio de estratégias para a filmagem e a trabalhosa atividade de transcrição. Segundo Inhelder (1996), a análise microgenética pode ser o caminho exclusivo de uma investigação, ou articular-se com outros procedimentos, para compor, por exemplo, um estudo de caso, uma pesquisa participante, ou uma pesquisa-ação.

Góes (2000, p. 9) ressalta o caráter profícuo desse caminho metodológico no estudo de questões referentes à subjetivação, em sua necessária relação com o funcionamento cognitivo. A autora delineia as características peculiares da análise microgenética em sua vinculação com a matriz histórico-cultural e afirma que algumas abordagens analíticas enfatizam a necessidade de registros detalhados, mas distanciam-se da metodologia por estarem inscritas em referenciais teóricos que não assumem a centralidade do entrelaçamento das dimensões cultural, histórica e semiótica no estudo do funcionamento humano. Desse modo, menciona certas descrições minuciosas de comportamentos, arranjos do ambiente e formas de relação entre comportamento e condições ambientais, nos estudos etnológicos e outras correntes teóricas, de cunho comportamentalista, que efetuam um detalhamento de estímulos, respostas, eventos consequentes e sequências comportamentais.

A autora considera que é necessário diferenciar a análise microgenética da microetnográfica. A primeira está igualmente orientada para os detalhes das ações, para as interações e cenários socioculturais, para o estabelecimento de relações entre microeventos e condições macrossociais. Por outro lado, Góes afirma que uma primeira característica distintiva pode ser identificada não no termo *micro* em si, mas na qualificação como genética, o que parece estabelecer um contraste com outras abordagens. A visão genética vem das proposições de Vigotsky (1981 apud GÓES, 2000) sobre o funcionamento humano e das diretrizes metodológicas nas quais estava incluída a análise minuciosa de um processo, de modo a configurar a gênese e as transformações do curso de eventos. Essa forma de pensar a investigação foi denominada pelos seguidores vigotskyanos análise microgenética (WERTSCH, 1987).

É importante lembrar que a forma como vem sendo empregado o qualificativo microgenético mostra que esse termo não tem filiação teórica única. De acordo com Inhelder (1996), o próprio Piaget, em seu modelo de método clínico, usou estratégias que poderiam ser consideradas microgenéticas e seus seguidores referem-se à necessidade de que os estudos, nesse método, envolvam o exame crítico e minucioso das ocorrências nas sessões de provas ou entrevistas e, em outros contextos científicos, os de resolução de problemas. Há, portanto, uma busca para compreender os passos do desenrolar das ações dos participantes e explicar suas construções e transformações cognitivas.

É preciso acrescentar que a proposta de entrevista clínica de Piaget, na versão da década de 1920 (PIAGET, 1978) teve repercussão sobre o próprio trabalho ontogenético de Vigotsky, como relata Góes (2000) e, presumivelmente, afetou as formas pelas quais ele realizava análises detidas de sequências de acontecimentos em sessões de pesquisa. Naturalmente, Vigotsky transformou significativamente a ideia original, que era de uma busca cuidadosa das respostas espontâneas da criança, não influenciadas pelo adulto, e introduziu deliberadamente pistas, auxílios ou obstáculos, para estudar os processos de interesse. A mudança no formato da entrevista não é mero detalhe, mas decorre da tese fundamental de Vigotsky, considerando que os processos humanos têm gênese nas relações com o outro e com a cultura, e são essas relações que devem ser investigadas ao se examinar o curso de ação do participante.

Para Vigotsky (1998), vários tipos de investigação e diretrizes metodológicas amplas buscam atender a duas teses fundamentais: a de que a gênese das funções psicológicas superiores está nas relações sociais e a de que a constituição do funcionamento humano é socialmente mediada num curso de desenvolvimento que abrange evoluções. Portanto, no que concerne ao método, a investigação não pode descolar-se de uma visão sociogenética, histórico-cultural e semiótica do ser humano, sendo que as proposições conceituais e metodológicas devem ser interdependentes e equivalentes teoricamente.

Vigotsky apresenta sucintamente alguns princípios metodológicos em seu texto *Problemas de Método* (1991), no qual propõe o estudo de processos e não de produtos ou objetos, pois "é somente em movimento que um corpo mostra o que é" (p. 74). Nesse texto, Vigotsky argumenta pela necessidade de examinar a dimensão histórica e alerta para o fato de que privilegiar a história é estudar o curso de transformação que engloba o presente, as condições passadas e aquilo que o presente tem de projeção para o futuro. Inclui nessas diretrizes a importância de se identificar relações dinâmico-causais, cabendo ao investigador buscar distinguir a aparência e os processos da dinâmica subjacente.

Segundo Wertsch (1985), a tese da constituição cultural dos processos humanos, a visão de desenvolvimento humano e a preocupação com a dimensão histórica levaram Vigotsky a abordar vários domínios genéticos, tais como a filogênese, a história sociocultural, a ontogênese e a microgênese. Como observa Góes,

> Vigotsky [...] focalizou especialmente o domínio ontogenético, mas efetuava um entrecruzamento dos estudos da ontogênese e da microgênese, sempre relacionando os dois níveis de análise, isto é, investigava questões ontogenéticas (abrangendo diferentes faixas etárias) e se deslocava para outro nível de estudo que envolvia sessões examinadas nas minúcias de transformação das respostas dos participantes. Essa perspectiva pode ser notada nos trabalhos sobre relações entre pensamento – linguagem, atenção, memória, formação de conceitos, fala egocêntrica, desenvolvimento da imaginação, etc. (GÓES, 2000, p. 13)

É importante esclarecer que essa atenção às minúcias de um curso de transformação das ações do participante não possuía relação alguma com o privilégio dado a elementos isolados. Vigotsky (1985 apud GÓES, 2000) teceu críticas ao associacionismo, tanto o de caráter naturalista-biologizante quanto o de inspiração subjetivista. Assim, o nível microanalítico, de base histórico-cultural, afasta-se totalmente do estudo de elementos e leis de associação. Aliás, Vigotsky (1987a apud GÓES, 2000) contrapõe-se à análise por elementos, propondo a busca de uma análise por unidades e definindo a unidade como aquela instância de recorte que conserva as propriedades do todo que se pretende investigar. Alega que essa noção é mais apropriada porque, diferentemente do elemento, a unidade é o componente vivo do todo.

Wertsch (1985), com base nas proposições e pesquisas de Vigotsky, define a análise microgenética como aquela que envolve o acompanhamento minucioso da formação de um processo, detalhando as ações dos participantes e as relações interpessoais, dentro de um curto espaço de tempo. Essa duração corresponde a algumas sessões, em delineamentos planejados ou a curtos segmentos interativos, em situações naturais. É uma espécie de estudo longitudinal de curto prazo e uma forma de identificar transições genéticas, ou seja, a transformação nas ações dos participantes e a passagem do funcionamento intersubjetivo para o intrasubjetivo.

Góes (2000, p. 12) afirma, entretanto, que "não há critérios postos quanto a recortes temporais para a configuração de uma análise microgenética". Ademais, diferentes trabalhos contêm números e durações diversas de segmentos interativos e o mesmo trabalho pode apresentar episódios com durações variadas. A respeito desse assunto, Góes complementa que,

> [...] não é *micro* porque se refere à curta duração dos eventos, mas sim por ser orientada para minúcias indiciais – daí resulta a necessidade de recortes num tempo que tende a ser restrito. É genética no sentido de ser histórica, por focalizar o movimento durante processos e relacionar condições passadas e presentes, tentando explorar aquilo que, no presente, está impregnado de projeção futura. É genética, como sociogenética, por buscar relacionar os eventos singulares com outros planos da cultura, das práticas sociais, dos discursos circulantes, das esferas institucionais. (2000, p. 15).

As ressalvas feitas por Wertsch (1985) devem-se ao fato de que, em sua definição, a duração e a transição genética são salientadas, enquanto fica apenas subentendido o vínculo fundamental com o exame das minúcias e das dimensões semiótica, histórica e cultural. Com base nessa referência, os pesquisadores têm efetuado investigações produtivas na abordagem histórico-cultural, focalizando os aspectos intersubjetivos e dialógicos, recortando o material documentado em poucos ou vários episódios que sejam significativos para o propósito do estudo, buscando traçar o curso das transformações.

Góes (2000) aponta contribuições da análise microgenética para a psicologia cognitiva e, recorrendo a Wertsch (1985) e outros pesquisadores, propõe-se a entendê-la como uma microanálise interpretativa para fins de estudos cognitivos interacionais. O autor esclarece que, em pesquisas desse tipo, devem ser valorizados os processos e os conteúdos semânticos, abrangendo a descrição cuidadosa da interação em episódios prototípicos, em termos das ações cognitivas, comunicativas e gestuais. Os dados são interpretados na direção de uma minuciosa apresentação narrativa e explicativa.

A investigação de processos cognitivos construídos nas interações é, contudo, uma das vertentes dessa metodologia. Rojo (1997 apud GÓES, 2000), ao discutir sobre as formas de estudo minucioso de processos interativos, distingue três orientações: 1) a cognitivista, que focaliza o plano intrapessoal durante os eventos interativos; 2) a interacionista, que examina as relações interpessoais e o jogo conversacional como condição para a formação do funcionamento intrapessoal; e 3) a discursiva ou enunciativa, que privilegia a dimensão dialógica e relaciona interação, discurso e conhecimento.

Segundo Góes (2000), vários estudos dessa natureza têm focalizado processos de desenvolvimento de participantes, muitas vezes com a atenção dirigida à construção de conhecimentos em espaços educativos na escola comum, nas creches, ou nos ambientes de educação especial. A ênfase na dimensão semiótica e intersubjetiva dos acontecimentos e a atenção ao diálogo, à mediação semiótica e ao caráter mais compreensivo-interpretativo das discussões são duas das marcas dessa abordagem.

Com base nesse conjunto de versões produtivas da análise microgenética no âmbito das produções brasileiras inscritas na matriz histórico-cultural, os pesquisadores têm efetuado investigações buscando traçar o curso das transformações. Segundo Wertsch (1985), é possível entendê-la como uma microanálise interpretativa para fins de estudos cognitivos interacionais.

Com base nessas ponderações, é possível sugerir que a caracterização mais interessante da análise microgenética está em uma forma de conhecer que é orientada para minúcias, detalhes e ocorrências residuais, como indícios, pistas, signos de aspectos relevantes de um processo em curso que elege episódios típicos ou atípicos que permitem interpretar um fenômeno de interesse. Ela é centrada na intersubjetividade e no funcionamento enunciativo-discursivo dos participantes e se guia por uma visão indicial e interpretativo-conjetural (GÓES, 2000; WERTSCH, 1985). Não se trata de afirmar que essa é uma versão única, pois há diferenças entre correntes de pensamento. Entretanto, julga-se haver uma convergência quanto à investigação da constituição de participantes, concebida no âmbito dos processos intersubjetivos.

O plano de microgênese consta das considerações de Vigotsky ao realizar o estudo de minúcias. Com a contribuição de diferentes autores, chega-se ao que se conhece por análise microgenética. Reconhecemos que é de sua obra que se desdobram essas novas possibilidades e que nela pode-se ler o propósito possivelmente mais característico dessa análise, que é construir uma micro-história da gênese do conhecimento e dos processos de aprendizagem.

FUNDAMENTOS DA CONSTRUÇÃO DE CONCEITOS EM VIGOTSKY

A contribuição mais importante de Vigotsky para a educação é a proposta de relação entre desenvolvimento e aprendizagem. Para ele, o desenvolvimento está interligado à aprendizagem, que é essencial para promover e impulsionar o desenvolvimento. Daí advém a importância que o pensamento vigotskyano concede à cultura e à experiência de vida do participante. Sendo assim, uma pessoa passa a vida aprendendo coisas e é esse caminho de aprendizagem que vai definir por onde passará o desenvolvimento de cada pessoa. Isto oferece à educação uma perspectiva muito valiosa, que é o olhar para a frente em uma visão prospectiva.

O conceito de desenvolvimento passa, necessariamente, na perspectiva vigotskyana, pela noção de ZDP e de coconstrução de conceitos (VASCONCELLOS, 1995). Contudo, o desenvolvimento analisado está na base das perspectivas ontogenéticas e microgenéticas. Ao esclarecer esses conceitos, Oliveira (2004) afirma que podemos definir sinteticamente desenvolvimento como transformação. Processos de transformação ocorrem ao longo de toda a vida do participante e estão relacionados a um conjunto complexo de fatores. Na abordagem histórico-cultural, encontramos a postulação do desenvolvimento humano como resultado da interação entre quatro planos genéticos, que são: 1) a filogênese; 2) a ontogênese; 3) a sociogênese; e 4) a microgênese (GÓES, 2000; VIGOTSKY, 1991; WERTSCH, 1987; OLIVEIRA, 2004; RÊGO, 1995).

Palácios (apud OLIVEIRA, 2004, p. 8), em um outro contexto teórico, reelabora essa teoria, sintetizando os três fatores que se relacionam aos processos de transformação ou de desenvolvimento: a) a etapa da vida em que a pessoa se encontra; b) as circunstâncias culturais, históricas e sociais em que sua existência transcorre e c) as experiências particulares e não generalizáveis a outras pessoas. Ainda de acordo com Palácios, o plano microgenético introduz elementos idiossincráticos que fazem com que o desenvolvimento psicológico seja um fenômeno único que não ocorre da mesma maneira em dois participantes diferentes.

Os estágios de desenvolvimento habitualmente definidos nas teorias psicológicas fundamentam-se, principalmente, no primeiro fator, focalizando o indivíduo isolado e as transformações que ocorrem para todos os seres humanos de forma similar. Ao proceder desta maneira, a psicologia tem fornecido modelos de desenvolvimento baseados principalmente nos processos de maturação biológica universais para os seres humanos. Mas a maturação biológica, essencial para o processo de desenvolvimento, não representa a totalidade do desenvolvimento. As transformações mais relevantes à constituição do desenvolvimento tipicamente humano não estão somente na biologia do indivíduo, mas em sua psicologia. A sociogênese e a microgênese, portanto, referem-se às circunstâncias histórico-culturais e às peculiaridades da história de vida e das experiências de cada participante.

Oliveira (2004) afirma que o desenvolvimento individual processa-se no interior de uma determinada situação histórico-cultural, que fornece aos participantes, e com eles constantemente reelabora, conteúdos culturais, artefatos materiais e simbólicos, interpretações, significados, modos de agir, de pensar e de sentir.

Além disso, a imensa multiplicidade de conquistas psicológicas que ocorrem ao longo da vida de cada indivíduo gera uma complexa configuração de processos de desenvolvimento que será absolutamente singular para cada participante. Segundo Oliveira (1997, p. 56),

> Em cada situação de interação com o mundo externo, o indivíduo encontra-se em um determinado momento de sua trajetória particular, trazendo consigo certas possibilidades de interpretação e ressignificação do material que obtém dessa fonte externa.

Nesse sentido, interessa a este estudo o processo ontogenético e microgenético de formação de conceitos, que foi examinado e estudado por Vigotsky de maneira radicalmente inovadora em sua época (GÓES, 2000). Suas investigações lhe permitiram identificar três grandes fases no processo de desenvolvimento das formas superiores de funcionamento mental humano, que percorrem uma trajetória que começa com o pensamento sincrético até alcançar o pensamento categorial (por conceitos). Cada uma dessas fases, por sua vez, foi subdividida em diversos estágios (VIGOTSKY, 1991).

Ressalta-se a relevância das categorias microgenéticas de construção de conceitos, elencadas por Vigotsky para as pesquisas que objetivam analisar o desenvolvimento de conceitos de qualquer área de conhecimento. Assim, de acordo com Vigotsky (1991, p. 51–61), têm-se as seguintes fases:

1 Primeira fase – agregação desorganizada, amontoado, sincretismo ou coerência incoerente: o significado das palavras denota para o participante apenas um conglomerado vago e sincrético de objetos isolados, isto é, o participante confunde elos subjetivos com elos reais entre as coisas. Objetos são agrupados sob o significado de uma palavra que, embora reflita alguns elos objetivos com as coisas nomeadas, também reflete elos fortuitos relacionados com as impressões subjetivas e percepções singulares do participante. Essa fase subdivide-se em três estágios diferentes:

1.1 Estágio I – constitui-se numa simples manifestação de tentativa e erro.

1.2 Estágio II – caracteriza-se pela reunião de objetos em virtude de sua organização no campo visual da pessoa, uma configuração de natureza exclusivamente sincrética.

1.3 Estágio III – trata-se de uma nova reunião dos objetos, tomando-se por base a tentativa anterior do estágio II de procurar ajuntá-los com base na organização do campo visual do participante. Os elos entre os objetos permanecem sincréticos, porém, neste estágio, já se apresenta uma operação um pouco mais elaborada. Os amontoados vão ser formados com base na reunião dos dois critérios anteriores.

2 Segunda fase – pensamento por complexos: os objetos isolados associam-se na mente da pessoa não apenas por causa das impressões subjetivas que podem sugerir, mas principalmente, por causa das relações que de fato existem entre eles. Os elos são necessariamente concretos e factuais.

2.1 Estágio I – complexo de tipo associativo: tem por base a reunião de objetos num grupo segundo eventuais relações de fato existentes entre eles, mas relações estas com critérios diversificados de semelhança, ou seja: a ligação entre o objeto núcleo do agrupamento e os demais objetos não necessariamente possui uma única característica comum – a mesma cor ou o mesmo tamanho.

2.2 Estágio II – coleções: os objetos passam a ser reunidos com base nas características que os fazem parecer diferentes entre si e, portanto complementares, quer dizer, a pessoa reúne tipos distintos de objetos para formar uma espécie de coleção, na qual junta um exemplar de cada um dos objetos do grupo considerados por ela diferentes do objeto núcleo.

2.3 Estágio III – complexo em cadeia: trata-se de uma reunião de objetos de caráter dinâmico e sequencial na qual ocorrem associações de um objeto a outro, numa espécie de corrente em que os elos entre os objetos possuem justificativas diferentes, isto é, as razões para o ajuntamento dos objetos mudam ao longo da cadeia de associações – como se cada novo objeto acrescentado ao grupo sugerisse um motivo diferente para a inclusão do próximo objeto. Vigotsky considera o complexo em cadeia a forma mais pura do pensamento por complexos. Para ele, um complexo não poderia se superpor jamais aos seus elementos constitutivos. Ao contrário, o complexo funde-se com os objetos concretos que o compõem. Esta, de acordo com Vigotsky, é a característica que distingue o pensamento por complexo do pensamento por conceitos: o amálgama, a mistura entre o geral e o particular, ou entre o complexo e seus elementos.

2.4 Estágio IV – complexo difuso: caracteriza a reunião de objetos segundo critérios vagos e fluidos, ora como complexos associativos, ora como coleções, ora por complexos em cadeia. As conexões entre os objetos são estabelecidas a partir de atributos vagos, ilimitados e instáveis, impossíveis de serem precisados da forma como foram identificados nos estágios I, II e III desta fase.

2.5 Estágio V – pseudoconceito: constitui-se na ponte entre o pensamento por complexos e o pensamento categorial. Neste estágio, a generalização formada na mente da pessoa – como critério para a reunião dos objetos – embora fenotípica ou aparentemente semelhante a um conceito genuíno é, psicologicamente, ainda um complexo. Como no caso do participante que reúne, na designação de peixe, as baleias e os golfinhos. Vigotsky explica que este tipo mais elevado de pensamento por complexo permite entender por que há compreensão mútua entre crianças e adultos.

3 Terceira fase – pensamento por conceitos: o participante é capaz de abstrair e isolar os elementos que integram a experiência concreta, sintetizando-os abstratamente para uso instrumental em novas situações concretas. O conteúdo da experiência da pessoa pode começar a ser organizado de forma abstrata, sem referência a quaisquer impressões ou situações concretas.

3.1 Estágio I – agrupamento por grau máximo de semelhança: trata-se ainda de uma impressão vaga e geral da semelhança entre os objetos, mas o participante já focaliza sua atenção em determinados atributos que, somados, tornam o objeto o mais semelhante possível à amostra. Neste estágio, a pessoa inicia o processo de abstração dos atributos aos quais ela presta menos atenção num conjunto de objetos.

3.2 Estágio II – conceitos potenciais ou preconceitos: o agrupamento de objetos com base na máxima semelhança possível é substituído por uma reunião que se baseia num único e exclusivo atributo. Este tipo de operação mental ocorre tanto na esfera do pensamento perceptual quanto na esfera do pensamento prático, guiado pelas ações. O traço abstraído do conjunto de objetos neste estágio não se perde facilmente entre outros – como nos últimos estágios da segunda fase (do pensamento por complexo).

3.3 Estágio III – conceitos genuínos: os traços abstraídos do conjunto dos objetos podem ser sintetizados e reunidos novamente, de maneira absolutamente descontextualizada (ou recontextualizada), no plano das ideias, com clareza de propósitos.

Vigotsky (1991) explica que os processos mentais envolvidos na formação de conceitos evoluem ao longo de duas linhas principais. A primeira linha refere-se à segunda fase ou à formação de complexos. Nessa linha de desenvolvimento, a pessoa reúne objetos sob um "nome de família" comum, conforme os cinco estágios identificados e caracterizados anteriormente. Já a segunda linha evolutiva baseia-se na abstração ou no isolamento de atributos comuns a um grupo determinado de objetos, de acordo com os três estágios da terceira fase, ou da formação de conceitos genuínos.

Como unidade mínima para o acompanhamento e a análise da gênese do pensamento conceitual, Vigotsky elegeu o significado das palavras, porque o pensamento e a palavra não são ligados por um elo primário. Ao longo da evolução do pensamento e da fala tem início uma conexão entre ambos que depois se modifica e se desenvolve (VIGOTSKY, 1991, p. 103). Ou seja, no seu entendimento, o significado de uma palavra constitui algo que se encontra em permanente transformação.

Essa compreensão de que os significados das palavras são formações dinâmicas que se modificam à medida que o ser humano se desenvolve possibilitou identificar as várias fases evolutivas do pensamento verbal até que alcançasse o patamar formal e categorial, atingindo o nível mais elevado e superior do seu funcionamento. As investigações de Vigotsky permitiram-no concluir que

> [...] um conceito é mais do que a soma de certas conexões associativas formadas pela memória, é mais do que um simples hábito mental; é um ato real e complexo de pensamento que não pode ser ensinado por meio de treinamento, só podendo ser realizado quando o próprio desenvolvimento mental da criança já tiver atingido o nível necessário. (1991, p. 71)

Para Vigotsky, a memorização de palavras e a associação com os objetos que elas representam não levam, por si só, à formação de conceitos. As investigações do processo de formação de conceitos em seu laboratório de pesquisas foram desenvolvidas com base no método da dupla estimulação, aperfeiçoado por Sakharov, Kotelova e Pashkovskaja, seus colaboradores (JAPIASSU, 1999).

Segundo Vigotsky, o exame do processo de formação de conceitos implicava em entender a divergência entre os aspectos semânticos e fonéticos da fala. Suas observações a esse respeito são no sentido de assinalar que, por trás das palavras, existe a gramática independente do pensamento, uma sintaxe especial de significados. Ele afirma que a fusão entre os dois planos da fala, o semântico e o vocal, começa a declinar à medida que a criança cresce e se desenvolve culturalmente, acarretando o aumento gradual da distância entre eles. Assim, de acordo com as palavras do autor:

> Na estrutura semântica de uma palavra, fazemos uma distinção entre referente e significado; de modo correspondente, distinguimos o nominativo de uma palavra de sua função significativa. Quando comparamos essas relações estruturais e funcionais nos estágios primitivo, intermediário e avançado do desenvolvimento, descobrimos a seguinte regularidade genética: a princípio só existe a função nominativa; e, semanticamente, só existe a referência objetiva; a significação independente da nomeação e o significado independente da referência surgem posteriormente e se desenvolvem ao longo de trajetórias que tentamos rastrear e descrever. Só quando este desenvolvimento se completa é que a criança se torna de fato capaz de formular o seu próprio pensamento e de compreender a fala dos outros. Até então, a sua utilização das palavras coincide com a dos adultos em sua referência objetiva, mas não em seu significado. (1991, p. 112)

Ele insiste no papel decisivo da inflexão para a descoberta do contexto psicológico dentro do qual uma palavra deveria ser compreendida, e esclarece que a escrita é uma forma de fala mais elaborada porque nela, uma vez que o tom de voz e o conhecimento do assunto são excluídos, torna-se obrigatória a utilização de muito mais palavras.

A importância do contexto para a construção do sentido das palavras foi especialmente destacada por Vigotsky. Ele explica que, dependendo do contexto, uma palavra poderia significar mais ou menos do que significaria quando considerada isoladamente (referência objetal, significado dicionarizado). A palavra significaria mais quando adquirisse um novo conteúdo emprestado pelo contexto; significaria menos, quando o contexto limitasse e circunscrevesse seu significado. Para Vigotsky, na forma escrita, era mais do que necessário identificar o contexto da palavra porque, nessa modalidade de comunicação, "uma palavra deriva o seu sentido do parágrafo; o parágrafo, do livro; o livro, do conjunto das obras de um autor" (VIGOTSKY, 1991, p. 126).

Ele observa que na fala interior o sentido predomina sobre o significado, em que a frase se sobrepunha à palavra e ao contexto, subordinando a significação da frase. Vigotsky denominou de influxo de sentido a maneira pela qual os sentidos das palavras se combinavam e se unificavam, tanto na fala interior silenciosa quanto na fala interior oralizada (fala egocêntrica). Suas observações lhe permitiram concluir que a fala interior era uma função de fala autônoma e um plano específico do pensamento verbal, ou seja, que a fala interior "não é o aspecto interior da fala exterior – é uma função em si própria" (VIGOTSKY, 1991, p. 44).

Vigotsky acredita que só um rigoroso estudo da fala interior poderia esclarecer as questões relacionadas ao controverso problema da relação entre pensamento e linguagem no ser humano e lançar luz à investigação do processo ontogenético de formação de conceitos. Sua leitura era a de que a fala egocêntrica se constituía no elo intermediário entre a fala aberta ou comunicativa e a fala interior ou pensamento. O sentido do percurso da fala egocêntrica, contrariamente às ideias de Piaget, seria de fora para dentro, de acordo com o princípio da internalização, porque a criança interage, desde o nascimento, com o sistema semiótico da linguagem falada em seu grupo cultural. Ao alcançar o nível das operações mentais que caracterizam o pensamento conceitual, a pessoa atinge, então, o mais elevado grau de desenvolvimento no interior da cultura letrada.

Vigotsky identificou no pensamento categorial dois tipos distintos de conceitos, os conceitos científicos ou sociais e os conceitos cotidianos (VIGOTSKY, 1998, p. 73). Essa distinção, elaborada por ele, vai em certa medida ao encontro das diferenças identificadas por Piaget quanto às ideias da criança acerca da realidade, ou seja, ideias espontâneas, desenvolvidas particularmente pelo participante de acordo com seus esforços e limitações mentais, e ideias não espontâneas, decisivamente influenciadas pelos adultos.

Vigotsky demonstra, por meio de resultados obtidos a partir de experimentos realizados com escolares das séries iniciais da educação básica, que: a) o desenvolvimento dos conceitos sociais possui todos os traços peculiares ao pensamento infantil; b) conceitos cotidianos e conceitos sociais atuam uns sobre os outros, influenciando-se mutuamente; e c) ambos, conceitos cotidianos e conceitos sociais, formam-se e se constituem sob condições internas e externas absolutamente diferentes, dependendo de terem origem no aprendizado em sala de aula ou na experiência pessoal da criança.

Ele revela que a consciência (entendida como atividade metacognitiva) da semelhança, ao pressupor a formação de uma generalização ou de um conceito que deve incluir todos os objetos considerados semelhantes, implica uma estrutura de generalização e conceitualização mais sofisticada do que a noção de dessemelhança, que pode surgir de outras maneiras. Assim, a questão da consciência é posta como central para o esclarecimento da forma como interagem os conceitos sociais e os conceitos cotidianos. Ao operar com conceitos cotidianos, a criança não está consciente deles, porque sua atenção encontra-se voltada para o objeto ao qual se refere o conceito e não para o ato do pensamento em si. Quer dizer que o participante adquire consciência dos seus conceitos espontâneos tardiamente e isso faz com que sua capacidade de defini-los por meio de palavras e de operar com eles livremente só possa ocorrer muito tempo depois de tê-los adquirido.

Todavia, o aprendizado formal ou escolar que resulta de uma intervenção pedagógica deliberadamente organizada se constitui em via privilegiada de acesso aos conceitos sociais e conduz à percepção generalizante e abstrata, desempenhando, portanto, um papel decisivo na conscientização da criança a respeito dos seus próprios processos de pensamento. Em resumo, os conceitos sociais promovem um novo tipo de percepção e significam definitivamente a passagem para um tipo mais elevado de atividade e funcionamento mental. Vigotsky acreditava que os

> [...] rudimentos de sistematização primeiro entram na mente da criança, por meio do seu contato com os conceitos científicos [ou sociais], e são depois transferidos para os conceitos cotidianos, mudando a estrutura psicológica de cima para baixo. (...) A inter-relação entre os conceitos científicos e os conceitos espontâneos é um caso especial de um tema mais amplo: a relação entre o aprendizado escolar e o desenvolvimento mental da criança. (VIGOTSKY, 1998, p. 80)

Essa inter-relação configura um processo dialético em que o desenvolvimento dos conceitos cotidianos segue um percurso ascendente e o desenvolvimento dos conceitos sociais, descendente. Embora os conceitos sociais e cotidianos se movimentem em sentidos contrários, ambos permanecem interligados em um mesmo processo. O desenvolvimento cultural da pessoa com base no aprendizado de formas específicas de atividade e modalidades de pensamento, em outras palavras, é o aprendizado do pensamento categorial que se constitui em uma espécie de passaporte para o ingresso da pessoa nos mais elevados níveis de atividade dentro da cultura escolar ou letrada.

ANÁLISE MICROGENÉTICA DA CONSTRUÇÃO DE CONCEITOS MUSICAIS

As abordagens cognitivas e socioculturais, voltadas para o entendimento musical, podem contribuir para o desenvolvimento de ações e reflexões sobre o ensino e a aprendizagem musical. As abordagens cognitivas em música têm sido altamente relevantes para o desenvolvimento de pesquisas em educação musical. Nesse sentido, algumas das maiores referências internacionais são as pesquisas de Gardner (1997), Swanwick (1991) e Serafine (1988). No Brasil, importantes trabalhos de natureza cognitiva e construtivista são as teses de Beyer (1998), Figueiredo (1996), Borges (2001), Hentschke (1996), Del Ben (1997) e França (1998), entre outros.

Observamos, no entanto, lacunas na continuidade de estudos voltados para a consciência dos processos de desenvolvimento dos conceitos musicais. Faltam pesquisas na área pedagógico-musical que verifiquem as possibilidades de transposição das teorias cognitivas vygotskyanas e socio-construtivistas para o ensino musical. Alguns pesquisadores da área pedagógico-musical têm procurado dar especial atenção à construção de conceitos musicais, como é possível verificar nos trabalhos de Penna (1990) e Beyer (1995).

Os estudos em pedagogia musical alcançaram consideráveis avanços por meio das metodologias elaboradas por Dalcroze, Kodàly e Carl Orff. Com base no estudo desses métodos, chamados métodos ativos, observa-se uma grande ênfase psicopedagógica no material concreto e sinestésico, tornando essa concepção em um verdadeiro fetiche da crença de que poderia trazer a solução para a compreensão do que seja a música na prática, sob uma via corporal e sensível.

Partindo dessa perspectiva de ensino, grande parte dos educadores musicais lançou mão de uma concepção equivocada de construtivismo para reafirmar essa postura pedagógica, na qual a manipulação do concreto e a vivência lúdica aparecem como soluções mágicas para superar a dificuldade de construção de conceitos musicais. Muitos jogos e brincadeiras foram elaborados, revelando uma concepção fragmentada de relação interdisciplinar entre música e dança, focando somente nas etapas do período sensório-motor.

Por outro lado, segundo Piaget (1993), a representação mental nasce da união de "significantes" que permitem evocar os objetos ausentes, como um jogo de significação que os une aos elementos presentes. Diferentemente de Piaget, Jardinetti (apud FARIA, 2001, p.14), adotando como referencial a lógica dialética, propõe que o concreto seja o ponto de partida e de chegada do processo de conhecimento, mas afirma que "o concreto não é apreensível de imediato pelo pensamento, e sim mediatizado por abstrações". O que se tem observado é que a ineficácia de muitas experiências concretas está no fato de que sua realização não possui, em muitos casos, relação com a lógica que permeia os conceitos.

Como possível rearticuladora, a psicologia sócio-histórica apresenta algumas possibilidades de esclarecimentos teóricos e metodológicos. Entre as amplas tendências de estudos sobre a formação de conceitos no âmbito da psicologia (associacionista, behaviorista radical, cognitiva e sócio-histórica), acredita-se que a perspectiva sócio-histórica seja a mais adequada para o estudo de formações de conceitos musicais, em virtude de a mesma contemplar melhor a complexidade de fatores que abarcam o desenvolvimento musical (ROSSI apud FARIA, 2001). Vasconcellos (1995) considera que o conhecimento musical coconstruído rejeita a explicação do surgimento e desenvolvimento das funções psíquicas como resultado da soma ou acúmulo de processos desvinculados do meio sociocultural em que se realizam.

Sendo assim, entende-se que a psicologia sócio-histórica pode contribuir para o desenvolvimento de pesquisas no âmbito do ensino musical na contemporaneidade, recontextualizando as antigas abordagens cognitivas com as complexas relações que se dão entre o conceito de música e seus respectivos elementos estruturais (melodia, ritmo, dinâmica e instrumentação), juntamente com as propriedades do som (altura, duração, timbre, intensidade), que se constituem, nos níveis ontogenético e microgenético, em um desafio para a apreensão da música contemporânea (LEITE, 2008; ALMEIDA, 1997; ASSEF, 2003).

Vigotsky (1991, p. 48) afirma que "as funções psíquicas superiores são processos mediados e os signos constituem o meio básico para dominá--las e dirigi-las". A hipótese de Vigotsky era a de que o homem, a partir das interações criadas nas situações de aprendizagem, trabalha numa esfera não puramente natural, mas mediada por signos criados pela cultura. A utilização de processos mediados pelo participante é o que diferencia as funções psíquicas em inferiores e superiores (pensamento conceitual, memória lógica e atenção voluntária). Isto nos leva a afirmar que na coconstrução das funções psíquicas superiores (como as musicais), o participante faz mediações por meio de instrumentos culturais que são internalizados por um processo de reconstrução interna.

Assim, ao ser proposta a análise microgenética da construção de conceitos musicais sob a perspectiva sócio-histórica, procura-se evidenciar sua contribuição como escopo teórico e metodológico para as pesquisas do âmbito educativo-musical. Conforme Swanwick (1991), essa análise compreende a construção do conhecimento musical, não somente por meio de vivências concretas, mas também pela contextualização e significação musical com base na coconstrução conceitual que se dá no nível dialético. Deste modo, a concepção do ensino centrado no desenvolvimento cognitivo, sob a perspectiva sócio-histórica, procura considerar que todo o contexto do educando é abarcador de variáveis bio-psíquico-culturais que levam a um aprendizado final, pois "a experiência prática mostra, também, que o ensino direto de conceitos é impossível e infrutífero" (VIGOTSKY, 1998, p. 104).

O desenvolvimento proposto e iniciado por Dalcroze (apud CALDWELL, 2000) e, posteriormente, pela maioria dos pesquisadores e educadores musicais deve encontrar continuidade em estudos que abordem a formação de conceitos e que revelem as contribuições da psicologia sócio-histórica para o ensino musical.

O objetivo da verificação e análise da construção de conceitos sonoros (altura, duração, timbre, intensidade) e musicais (afinação, ritmo, dinâmica e instrumentação) no processo educativo musical, da musicalidade e de significação musical está impregnado das necessidades do desenvolvimento dos aspectos específicos da música, ou seja, seus elementos estruturais. São esses mesmos elementos que são avaliados pelo processo de análise microgenética da construção de conceitos de Vigotsky (1991; 1998) e do desenvolvimento musical de Swanwick (1991; 2003). Ao que tudo indica, a compreensão musical passa pelo processo de tomada de consciência dos elementos estruturais do som e da música. Segundo Martins, "uma compreensão progressiva da organização e da estruturação do discurso musical deve ser a base de toda educação musical" (1985 apud PENNA, 1990, p. 47).

Na pesquisa desenvolvida, empregou-se a análise microgenética, que é denominada também de microanálise, procurando identificar quando e como os participantes desenvolvem os conceitos esperados. Para o andamento da pesquisa, foram conduzidas sessões/aulas registradas por meio de videogravação. No desenvolvimento e análise das sessões/aulas foram consideradas as diretivas ontogenéticas de desenvolvimento musical de Swanwick (2003) e as perspectivas psicopedagógicas e de construção de conceitos de Vigotsky (1998).

Constituiu-se em proposta da pesquisa analisar as etapas alcançadas na construção do conhecimento musical por meio das falas (explicações – diálogos) e gestos (articulações – trejeitos – expressões corporais) dos estudantes, expressos durante a resolução de problemas, exercícios, tarefas práticas e textos criativos desenvolvidos tanto em atividades individuais quanto em grupo.

Na resolução de problemas, adotamos as propostas de Inhelder (1996) e no desenvolvimento do projeto musical os conceitos de Allessandrini (2004). Tendo por base esse desafio objetivo e diante do *software* apropriado, os estudantes/participantes foram observados com o objetivo de verificarmos saltos cognitivos em determinados momentos. Os novos elementos internalizados pelos participantes foram analisados mediante as etapas desenvolvidas por Swanwick e Vigotsky com relação à construção de conceitos, nesse caso, conceitos musicais, como melodia (altura), ritmo (duração), agógica ou dinâmica (forte, fraco) e timbre (qualidade do som e instrumentação). As etapas ontogenéticas da construção de conhecimentos e conceitos foram analisadas sob o entendimento da análise microgenética.

Alguns procedimentos específicos foram empregados, tais como: a) análise de filmagens, procurando encontrar momentos nos quais o estudante, no fazer musical, consegue expressar alguma evidência de que construiu conceitos musicais ou sonoros; b) aplicação de questionário estruturado em que o estudante pesquisado pôde demonstrar ou não a construção do conceito esperado; c) gravações e/ou filmagens de entrevistas com os participantes por meio de questionários semiestruturados; d) elaboração de testes práticos nos quais o domínio do conceito relacionado à ação proposta foi verificado por meio da explicação, fornecida pelo estudante, dos conceitos utilizados na resolução de tarefas práticas.

Por meio da aplicação empírica dessa abordagem, acreditamos que seja possível confirmar se o desenvolvimento de conceitos musicais está ou não atrelado ao desenvolvimento musical, pois o participante, ao se dedicar à resolução de problemas, transforma uma ação em conhecimento ao compreender o procedimento aplicado. Por outro lado, verificamos que a resolução de problemas propicia a transformação do conhecimento em ação, já que, ao buscar uma solução ou uma nova interpretação do real, o participante aplica uma estrutura atemporal a uma situação particular. A fusão das dimensões estrutural (cognitivo-musical) e funcional (ação-musical) "permite uma análise mais abrangente do processo e do produto intelectual de participantes em situações de resolução de problemas", que merece ser mais bem avaliada e discutida pelos educadores (MANTOAN, 1998, p. 5).

Nesse sentido, a avaliação do desenvolvimento cognitivo musical encontra legítimas metodologias de investigação na análise microgenética da construção de conceitos abordados por Vigotsky e pela psicologia só-cio-cultural-construtivista. No próximo capítulo enfocaremos os recursos computacionais e o ensino de música na escola.

3

RECURSOS COMPUTACIONAIS E ENSINO DE MÚSICA NA ESCOLA

Neste capítulo vamos realizar uma exposição sobre o trabalho de catalogação de *softwares* que realizamos juntamente com uma avaliação de cunho técnico, didático e pedagógico das possibilidades do uso do computador, dos recursos multimidiáticos e de *softwares* para o ensino de música.

Os estudos sobre essa possibilidade no ensino musical podem proporcionar a abertura de um conjunto de oportunidades ao desenvolvimento de estratégias metodológicas para o ensino musical escolar. Verificamos que, apesar de haver um aumento da presença de professores de música nas escolas públicas de ensino fundamental e médio, a maioria delas não está provida com equipamentos musicais que sirvam às aulas de música; porém, os laboratórios de informática, já implementados em muitas escolas, podem ser utilizados para amenizar essa carência.

Desse modo, buscamos em *websites*, em bibliografias de pesquisas correlacionadas e em catálogos específicos os *softwares* que fossem adequados ao ensino musical escolar. Esses *softwares* deveriam contemplar as necessidades didático-pedagógicas e atender aos objetivos de desenvolvimento musical por meio do processo educativo. Poderiam, também, ser adequados às configurações dos computadores instalados nas escolas públicas de ensino básico.

Antes de continuarmos, acreditamos necessário esclarecer que o uso legal de *softwares* gratuitos disponibilizados pelos fabricantes é amparado por lei, desde que a utilização não seja com fins comerciais, não fira a lei de direitos autorais, a lei de propriedade intelectual, a lei de comércio eletrônico e a lei de programa de computador. Nesse caso, Ferrari (2003) ressalta que os chamados *freeware*, *shareware*, *demo* e *trial* são *softwares* "exemplos", ou de demonstração, disponibilizados pelos fabricantes com limitações técnicas que restringem sua utilização plena no nível profissional. Ao utilizarmos vários desses *softwares*, pudemos montar uma configuração de produção musical com fins pedagógicos sem ferir as cláusulas legais. Para isso, utilizamos as versões de demonstração disponibilizadas pelos fabricantes.

Há uma grande quantidade de recursos voltados para o aprendizado musical disponibilizados via *web*. A *Internet* pode ser utilizada para realizar buscas de arquivos pedagógico-musicais, como, por exemplo, músicas em MIDI, WAV ou MP3. Há ainda a disponibilidade de recursos dos mais variados na grande rede mundial, e dentre eles os sites que disponibilizam aulas teóricas e jogos práticos, além do *software* livre (ou de código aberto) em constante desenvolvimento de modelos e em crescente número de novos programas. O uso do *software* livre, por exemplo, oferece oportunidade para os professores compartilharem entre si informações, arquivos e programas cada vez melhores e em constante desenvolvimento.

Na seção seguinte abordaremos as possibilidades do ensino musical multimidiático.

POSSIBILIDADES DO ENSINO MUSICAL MULTIMIDIÁTICO

O ensino musical integrado à utilização de novas tecnologias é proposto com base na observação de que há uma grande gama de possibilidades para a utilização de *softwares* que contemplam as necessidades concernentes ao trabalho com sons e música mediado pela informática. Esses *softwares* oferecem substancial ajuda ao universo da aprendizagem musical.

O progresso dos computadores pessoais trouxe para o usuário doméstico ferramentas para criar e editar sons e músicas que antes eram privilégio dos estúdios melhor equipados. Pode-se dizer que, a um custo reduzido e sem exigir conhecimentos técnicos avançados do usuário doméstico, essas ferramentas possibilitam transformar um computador pessoal comum em uma espécie de estúdio caseiro. Para o professor de música, as vantagens dessas possibilidades são evidentes, porque ele pode, por exemplo, modelar as ferramentas musicais de acordo com as necessidades de sua própria disciplina e conteúdo.

Desse modo, qualquer programa pode ser considerado como educacional, desde que contextualizado no processo de ensino e aprendizagem, o que nos leva a afirmar que certos tipos de *software* trazem consigo pressupostos psicopedagógicos que auxiliam o professor a prever as ações dos aprendizes e a utilizar estas ferramentas na resolução de problemas musicais. Nesse sentido, duas grandes categorias são observadas. Em primeiro lugar estão os *softwares* de aprendizagem dirigida ao desenvolvimento de uma competência específica, a exemplo da percepção musical; e, em segundo lugar, os *softwares* que propiciam um amplo desenvolvimento cognitivo musical.

Ao situar as principais necessidades que poderiam ser supridas pelo computador, tomando por base o interesse de um educador por atividades relacionadas à música, a primeira seria a oferta de um repertório grande e variado de músicas pré-gravadas. Arquivos musicais no formato MIDI (*Musical Interface for Digital Instruments*) e correlatos (formatos proprietários tipo *karaokê*, com sufixo kar, mus e st3) e música comprimida no formato MP3 são as melhores soluções para suprir essa necessidade. Esses arquivos podem ser acessados ou baixados da *Internet*, comprados em bancas de jornal junto com revistas especializadas, ou, no caso do formato MP3, "ripados", ou seja, comprimidos a partir de faixas de áudio de CDs comerciais ou de outras fontes (fitas, discos, rádio). Para os trabalhos com MIDI ou gravação de sons no computador, podemos utilizar recursos como o próprio gravador de sons nativo do sistema operacional.

A segunda necessidade consiste em modificar as músicas gravadas. Os arquivos musicais gravados em computador podem ser alterados, a qualquer tempo, em suas características de instrumentação, tonalidade (tom mais grave ou mais agudo) e andamento (mais rápido ou mais lento). Com um pouco de paciência e dedicação diária (os mesmos requisitos necessários para se aprender a usar editores de texto), o usuário doméstico pode trabalhar e se divertir bastante, modificando sons e sequências musicais completas no computador, utilizando programas de custo reduzido. A maioria dos programas de edição musical baseia-se em interfaces gráficas cheias de botões coloridos que simulam mesas de som e pistas de gravação. Todos oferecem amplo suporte às operações do tipo arrastar e soltar com o *mouse* e dispõem de manuais e tutoriais que costumam ser completos.

A terceira necessidade é a de se transportar os arquivos. Como todos os arquivos de computador, os de música podem ser gravados em cartões de memória, CD ou *pen drive* e transferidos para qualquer máquina que tenha os mesmos programas instalados e, evidentemente, uma placa de som e monitores. Isso é particularmente válido para os arquivos em MIDI, que ocupam em média 50 Kb, permitindo que na mesma mídia haja uma coleção de músicas.

A dificuldade de se trabalhar com áudio de uma faixa de CD em *stereo*, que costuma ocupar mais de 60 Mb, é superada ao se optar por mídias removíveis do tipo *pen drive*, ou mesmo com CDs graváveis. O ideal, nesse caso, é utilizar o formato MP3, que encolhe o tamanho dos arquivos em uma fração de cerca de onze vezes o tamanho original, o que permite que eles sejam enviados pela *Internet* para qualquer computador. Outras necessidades poderão aparecer de acordo com a realidade de cada professor, instituição ou proposta didática.

Outra possibilidade é o trabalho de ensino musical via *web*, com a criação de páginas, *blogs* ou grupos de discussão, em que é possível compartilhar dados e arquivos e realizar discussões e conversas *online* em tempo real, além de receber e enviar dados criados pelos estudantes. Como tudo o mais que se relaciona com a *Internet*, a música na *web* pode ser entendida tomando-se por base dois aspectos: a) há uma enorme multiplicidade de usos e formatos; e b) há uma grande falta de informação por parte do usuário médio ou doméstico. Assim, é necessário recordar alguns pontos básicos e acrescentar algumas informações úteis e interessantes: 1) toda a música que circula *online* encontra-se digitalizada e não há sinais de áudio (som real) trafegando pela rede; 2) essas músicas podem ser classificadas em três tipos básicos: a) programas de áudio: sons digitalizados na íntegra, que geram arquivos grandes (gravados nos formatos .WAV*e* = .WAV, .AIFF = .AIF), similares às faixas de um CD, contêm todas as informações sonoras de uma música, geralmente ocupando espaço considerável na memória de armazenamento, o que torna seu uso mais adequado aos contextos profissionais; b) áudio comprimido: sons digitalizados e comprimidos, que não têm toda a informação sonora dos anteriores, mas somente aquelas que podem ser percebidas pelo ouvido humano e, por terem menos informação, geram arquivos menores que os anteriores (gravados nos formatos MP3, mp4 e similares); e c) arquivos MIDI: sequências de instruções para serem executadas por computadores multimídia, que reconstroem os sons de acordo com seus próprios recursos e, por isso, não podem ser tocados em um CD *player* que não possui placa de som. O protocolo MIDI é de padrão universal e é lido até pelos teclados musicais eletrônicos mais simples.

Para trabalhar com os formatos de áudio no nível profissional, é necessário ter um computador potente com bastante memória. Caso os equipamentos não sejam adequados, o ato de escutar e gravar uma música pode ser um processo longo e penoso. Nesse sentido, trabalhando com áudio comprimido, essas necessidades são reduzidas sem perda expressiva de qualidade, o que explica a popularidade recente e crescente de tais formatos. Para trabalhar com MIDI, os requisitos de memória e processamento da máquina são ínfimos.

Com base nessas informações, elaboramos uma lista de conceitos e habilidades, divididos por tópicos, para auxiliar o professor que deseja explorar as possibilidades da música aliada à informática no seu trabalho em sala de aula (ALVES, 2002; ALMEIDA, 1997; GOHN, 2003; MILETTO, 2004). Nossa intenção é abordar, direta ou indiretamente, cada um desses conceitos e habilidades, proporcionando as orientações necessárias:

I – Fundamentos físicos do som e da música (acústica):

a) conceitos de altura, intensidade, duração, timbre e onda sonora;

b) aspectos fisiológicos do som e da música: aparelho auditivo, órgãos formadores e seu funcionamento: pavilhão auditivo, ouvido interno e processo da audição; e aparelho fonador: visão geral do aparelho respiratório, diafragma, vias aéreas superiores, cordas vocais e cavidades de ressonância;

c) aspectos psicológicos do som e da música: fenômenos relacionados à percepção de ambiência, isolamento, reverberação, eco e efeito *doppler*; fenômenos relacionados com a série harmônica; escala musical, sensações de dissonância e consonância;

II – Evolução dos sistemas de áudio:

a) gravação mecânica: fonógrafo/gramofone;

b) gravação eletromagnética: discos de vinil e fitas K7, *Hi-Fi* e *stereo*;

c) radiodifusão em ondas curtas, AM e FM;

d) gravação digital: amostragem, qualidade, resolução e formatos (WAV, MP3), sistema MIDI e música na *Internet*;

e) captação de som: microfones, captadores magnéticos e *samplers*;

f) geradores de som: sintetizadores;

g) processadores de sinal: amplificadores, equalizadores, mesas de som e processadores de efeitos (câmaras de eco e outros);

h) gravadores: analógicos (K7) e digitais (MD, CD, DVD, HD);

i) monitores de áudio: caixas acústicas e fones de ouvido;

j) acessórios: cabos e conectores monofônicos e estereofônicos;

k) *softwares*: tocadores, gravadores, sequenciadores, conversores, programas de tratamento de áudio e programas específicos para educação musical.

III – Aspectos conceituais da música:

a) Percepção musical: ritmo, melodia e harmonia;

b) Linguagem e estrutura: escrita musical, partituras, cifras e tablaturas;

c) Criação musical: composição, arranjo, transcrição, *remix* e direitos autorais;

d) Instrumentos musicais e suas famílias: sopro, cordas, percussão e eletrônicos;

e) Sonorização de eventos: seleção de material, criação de trilhas sonoras, vinhetas e *jingles*;

f) Referências bibliográficas e discográficas para pesquisa.

A lista acima é abrangente à primeira vista. No entanto, convém observar que a música, antes de ser uma área de estudos específicos dentro do campo da arte, é um fenômeno interdisciplinar que afeta o ser humano em todos os níveis da compreensão: intelectual, afetivo, prático e estético, entre outros. Fazer escolhas e trabalhar aspectos específicos, um de cada vez, parece ser mais sensato do ponto de vista didático.

Os itens acima não constituem um conjunto acabado que o professor deva dominar previamente, mas sim uma relação de experiências realizáveis na prática diária. A construção dos conceitos musicais só se efetiva por meio da vivência e a disciplina específica de cada docente pode servir de ponto de partida para a integração com outras áreas do conhecimento, quebrando as barreiras virtuais que fragmentam o currículo escolar.

SOFTWARES EDUCATIVOS MUSICAIS

Fritsch (2003) realiza uma sucinta discussão sobre como aplicar diversos tipos de *softwares* no ensino de música. Nesse sentido, ele destaca os conceitos básicos, os tipos de *softwares* atualmente disponíveis e as possibilidades metodológicas.

Inicialmente, destacamos o conceito essencial de que todo programa pode ser considerado como educacional, desde que se utilize uma metodologia que o contextualize no processo de ensino e aprendizagem, pois essa modalidade de programas já traz pressupostos psicopedagógicos. Duas grandes categorias são observadas: a) *softwares* de aprendizagem dirigidos ao desenvolvimento de uma competência específica, como por exemplo, a percepção musical; b) *softwares* que propiciam um amplo desenvolvimento cognitivo.

Verificamos, porém, outra possibilidade: a de podermos utilizar vários *softwares* para a montagem de um *setup* que seja completo, no sentido de oferecer diversas possibilidades de manipulação sonora. A integração de diversos *softwares* pode levar ao desenvolvimento de processos completos dentro da proposta de ensino musical. Essa configuração facilita o acesso à biblioteca de programas e favorece a análise sob o ponto de vista pedagógico. O Quadro 9 apresenta a taxonomia sugerida por Fritsch (2003) para programas educacionais:

QUADRO 09

TAXONOMIA BASEADA NA PROPOSTA DE FRITSCH PARA *SOFTWARES* EDUCACIONAIS

PROGRAMAS EDUCACIONAIS	
Aprendizagem de habilidades específicas	Aprendizagem de habilidades cognitivas amplas
• tutoriais • exercício prático • demonstração • jogos e simulação • sistemas especialistas	• micromundos • sistemas de autoria • jogos educacionais • laboratórios virtuais

Fonte: Fritsch (2003, p.143).

Com base nessa classificação, podemos deduzir alguns pressupostos para o uso do computador na educação musical. Seja qual for o tipo de *software* criado para uso em educação musical, é importante que os pressupostos pedagógicos sejam coerentes com os objetivos educativos do contexto e, principalmente, que juntos propiciem o desenvolvimento musical da forma mais abrangente possível. De acordo com Krüger (1996), poucos *softwares* brasileiros de teoria musical são construídos com base em estudos sobre o desenvolvimento cognitivo e musical. Pelo contrário, o desenvolvimento de *softwares* tem sido fundamentado em métodos tradicionais de apresentação, aplicação de conceitos e avaliação de resultados, enfatizando o conteúdo e a forma de avaliação (KRÜGER, 1999).

A atividade de desenvolvimento de *software* educacional para a música exige a aplicação de estratégias para definir o conteúdo com base na identificação do público-alvo, na aplicação pedagógica do programa e no currículo, sobretudo em termos do conhecimento formal musical que o estudante possui; também exige atenção quanto à forma de apresentação do conteúdo, levando em conta as teorias de ensino-aprendizagem reconhecidas pelas áreas da educação musical e da psicologia cognitiva da música (MILETTO, 2004).

Segundo Miletto (2004), a utilização de computadores na educação, em particular na educação musical, parte de duas premissas. A primeira, de que os programas de computador devem ser vistos como mais uma possibilidade para auxiliar o professor na prática do ensino, e não como um substituto do professor. A segunda, de que é o professor quem decide as formas mais adequadas de utilização das ferramentas computacionais para enriquecer o ambiente de aprendizagem.

Podemos observar três níveis de utilização de *software* na educação musical: 1) o uso de *software* musical em geral (editores de partituras, sequenciadores etc.), como ferramenta educativa, embora não tenha sido criado especificamente com este objetivo; 2) o uso de *software* especificamente educativo-musical (treinamento auditivo, tutores teórico-musicais etc.), criado especificamente para a educação musical; e 3) a montagem ou organização de um conjunto de *softwares* que juntos formam um ambiente completo de produção e aprendizado musical amplo, perceptivo-conceitual-criativo.

Apesar de ser reconhecida a importância da música na formação humana, raramente algum *software* é desenvolvido especialmente para esta finalidade. Poucos pesquisadores de informática na educação abordam questões de educação musical. Nesse sentido, destacamos o trabalho de um grupo de pesquisadores da UFRGS que visam a, especificamente, desenvolver *softwares* educativo-musicais (HENTSCHKE, 1999; KRÜGER, 2000; FRITSCH, 2003). Segundo Fritsch (2003), os *softwares* musicais utilizados no ensino de música podem ser classificados em:

a) *Softwares* para acompanhamento: são programas que produzem autoacompanhamento e ritmos em tempo real, semelhante ao que fazem os teclados de acompanhamento automático quando executam notas em um instrumento MIDI, permitindo ao usuário realizar composições e arranjos completos.

b) *Softwares* para edição de partituras: servem para editar e imprimir partituras, permitindo a inclusão de notas com o auxílio do *mouse*, ou diretamente, a partir da execução de notas musicais em um instrumento MIDI. Permitem, ainda, importar arquivos no formato MIDI gerados por outros programas. Geralmente possuem bastante flexibilidade, permitindo escolher tipos de pautas (normal, tablatura, ritmo), símbolos musicais e múltiplas vozes por pauta, além de oferecer recursos para a edição da letra da música.

c) *Softwares* para a gravação de áudio: permitem gravar múltiplas e simultâneas trilhas de áudio digitalizado. Esses programas facilitam a atividade de composição, já que permitem procedimentos como o *overdub*, isto é, a gravação de um instrumento como base em uma trilha (canal) e em seguida a gravação dos demais instrumentos em outras trilhas, ouvindo o instrumento base já gravado. Com os dados sonoros na memória do computador, temos inúmeras possibilidades de manipular o som digitalmente para obter os resultados desejados, como o processamento (ou a edição) de algumas características do som, a equalização, a afinação e a compressão de tempo.

d) *Softwares* para a instrução musical: em geral são utilizados para o estudo de teoria e percepção musical ou, então, como auxiliares na aprendizagem de um instrumento musical. Ao contrário de outras categorias de *software* musical, como os sequenciadores e os gravadores digitais, os programas de instrução são desenvolvidos exclusivamente para o músico que deseja utilizar o computador para aprender sobre determinada área da música. Nessa categoria de *software* estão incluídos também os CD--ROMs multimídia e os *websites* sobre a história da música e as biografias de compositores.

e) *Softwares* para o sequenciamento musical: permitem a gravação, a execução e a edição de músicas tipicamente no formato MIDI. A música instrumental é gravada via MIDI, usando um teclado ou outro tipo de instrumento controlador MIDI, e armazenada pelo *software*, podendo, então, ser editada. Como as informações são de execução das notas, em vez de sons armazenados, é possível tocar a mesma música escolhendo diferentes instrumentos. A música criada no sequenciador pode ser exportada para outros programas MIDI (por exemplo, o editor de partituras), usando o formato padrão *Standard MIDI File*. É possível também importar músicas de outro *software* para editá-las.

f) *Softwares* para síntese sonora: esses programas geram sons (ou timbres) por meio de amostras sonoras armazenadas, ou por algum processo de síntese digital. Alguns programas sintetizadores podem tocar os sons em tempo real por meio de comandos de notas MIDI executados por um sequenciador, ou por uma pessoa tocando um instrumento MIDI. Atualmente, os ambientes para síntese (sintetizadores virtuais) caracterizam-se pela facilidade de uso da sua interface gráfica, no qual o controle dos parâmetros de síntese é exibido por botões, facilitando a interação e simulando o funcionamento dos sintetizadores reais.

O desenvolvimento de *softwares* está ligado ao aumento de pesquisas e ao desenvolvimento paralelo de ambientes computadorizados de ensino-aprendizagem com o desdobramento tecnológico e pedagógico (POWARCZUK, 2001). Consideramos imprescindível compreendermos o estágio de desenvolvimento em que se encontra o ensino musical trabalhado por meio das ferramentas tecnológicas, suas características técnicas e pedagógicas, considerando sua caracterização ainda em processo de construção. Constatamos que essa identidade em construção advém da fusão da informática educativa com as músicas computacionais, ambas já constituídas como áreas de conhecimento estruturadas.

Conceitos como construcionismo, construtivismo e aprendizagem por descoberta, integrados aos conceitos de criação musical, composição livre, estrutura sonora, música eletroacústica e música eletrônica, aliados a outros processos de vivência musical, podem possibilitar uma aprendizagem musical mais prazerosa, na qual o estudante desenvolve seu conhecimento acerca dos conceitos musicais e sonoros e aproxima-se de processos de construção e reconstrução musical e de tendências musicais e estéticas contemporâneas.

No contexto geral do uso das mídias na educação, diversas pesquisas têm averiguado o processo de desenvolvimento cognitivo da criança diante da televisão, do *videogame* e do computador (GREENFIELD, 1988), com especial atenção para o grande interesse das crianças e adolescentes pelos jogos de *videogame* e, mais recentemente, pelos jogos em rede disponibilizados pela *Internet* ou por meio de CD-ROMs. Pesquisas têm analisado o desenvolvimento do raciocínio facilitado pelo desenvolvimento tecnológico no ambiente de criação de micromundos virtuais nos quais personagens do contexto infantil são verdadeiros transmissores de conteúdos diversos.

O USO DO *SOFTWARE* NO ENSINO MUSICAL ESCOLAR

A montagem de um *setup* de *softwares* configura-se como uma solução possível dentro de nossa proposta de musicalização escolar via informática, já que um único *software* não contempla todas as necessidades do modelo de ensino proposto por Swanwick (2003) e que abrange a audição, a criação e a interpretação. Essa proposta de ensino considera o processo de desenvolvimento musical em toda a sua extensão.

Conforme já citado, determinados *softwares* classificados por suas funções diferenciadas são organizados em uma taxonomia específica. Utilizando pelo menos um *software* que contemple cada uma dessas funções, o professor de música pode proporcionar os recursos necessários para que seus alunos criem suas próprias melodias e desenvolvam sua habilidade de pesquisar novos sons. Ao criar um catálogo de novos sons, os estudantes poderão organizá-los com base em técnicas de composição e princípios estéticos.

Além de escrever partituras utilizando o *mouse*, é possível, por meio da conexão MIDI da placa de som do computador, que o estudante conecte um teclado musical com a mesma interface ao computador, toque as músicas que deseja escrever e, por meio desta gravação inicial, futuramente corrija, acrescente, retire e modifique a partitura resultante da *performance*. Por meio da conexão teclado-computador, o estudante pode gravar amostras de sons ou uma melodia, salvando-as nos formatos WAV, MP3 ou MIDI.

SOFTWARES EDUCATIVOS MUSICAIS SUGERIDOS PARA A ESCOLA

Na proposta que apresentamos neste livro, é necesário que o professor de música esteja sempre pesquisando novos recursos voltados para a área, pois o desenvolvimento tecnológico é constante, o que torna a atividade de ensino e aprendizagem musical via informática algo ao mesmo tempo estimulante e desafiador. Relacionaremos, a seguir, alguns *softwares* cujas características podem atender às necessidades de determinadas atividades e conteúdos do processo de ensino musical. Acreditamos que tais programas sejam adequados também ao ensino musical escolar, pois são facilmente encontrados na *web* e podem ser utilizados de forma complementar em determinados momentos da prática pedagógica. Vale salientar que com o desenvolvimento e a divulgação dos *softwares* livres, o professor sempre terá ao seu dispor novas ferramentas para trabalhar com a abordagem de ensino musical por meio de recursos multimidiáticos.

De acordo com a proposta de montarmos um conjunto de *softwares* pedagógico-musicais, apresentamos, a seguir, alguns exemplos de *softwares*[*] em ordem de uso no aprendizado musical e que podem ser utilizados para o desenvolvimento de criações musicais a serem realizadas pelos estudantes.

a) *Softwares* para experimentação sonora e primeiro contato com as notas musicais. Este tipo de *software* executável apresenta uma interface de fácil manuseio, com três oitavas para a improvisação, podendo o usuário escolher o timbre a ser utilizado. Usando o *mouse*, o estudante pode improvisar com as notas e gravar sua *performance* em tempo real. Esses *softwares*, que são do tipo *freeware*, não apresentam limitações técnicas que impeçam seu uso pedagógico.

b) *Softwares* de edição musical, improvisação e arranjo. Com esses *softwares*, o usuário pode experimentar a improvisação, a composição e o arranjo. Pode escolher de um a três instrumentos musicais e compor uma melodia, colocando notas na grade por meio do *mouse*. O usuário utiliza as ferramentas disponíveis para compor música na partitura. A grade corresponde às pautas, o sentido horizontal representa a linha do tempo e o sentido vertical as alturas das notas em uma escala cromática. O pentagrama pode rolar para a direita e tem um tamanho que pode ser aumentado por meio de um comando de *menu*. A adoção dessa notação simplificada permite que iniciantes na aprendizagem musical possam experimentar notas e instrumentos musicais, construir conceitos de altura e duração dos sons e desenvolver uma concepção básica de arranjo instrumental.

c) *Softwares* para edição de partituras, criação de melodias e criação de *karaokê*. O editor de partituras possibilita o trabalho

---

* Para mais informações acessar: www.revista.art.br/site-numero-08/trabalhos/24.htm

com a grafia tradicional, além oferecer o recurso de ouvir arquivos MIDI com maior qualidade timbrística. Além disso, é possível inserir facilmente a letra na melodia, ouvi-la e depois cantá-la em diversos idiomas. Esses *softwares*, que são do tipo *shareware*, não possuem limitações técnicas que impeçam sua utilização pedagógica.

d) *Softwares* para arranjo, mixagem e sequenciamento de arquivos. Por meio desses *softwares*, os arquivos gravados pelos estudantes podem ser organizados, rearranjados, modificados, cortados, copiados, colados, enfim, manipulados livremente. Com esses recursos, o estudante trabalha sua criatividade e desenvolve seu senso de organização harmônica e polifônica, assim como a estruturação formal da música como um todo.

e) *Softwares* para aprendizagem de teoria musical. Estão disponíveis para acesso tanto por meio da *Internet*, quanto para compra em formato CD-ROM. Suas características são adequadas para a vivência de aspectos teóricos, apesar dessa não ser a principal proposta educativa musical para o ensino formal, que opta, na maioria das vezes, por uma postura mais livre e criativa. Entretanto, os aspectos da linguagem tradicional, a pauta de cinco linhas, as claves, as figuras e sua leitura rítmica e melódica podem ser trabalhadas por meio de programas específicos, como jogos musicais.

Esses são alguns dos tipos de *software* que oferecem possibilidades variadas de contato dos estudantes com sons e músicas. Assim, é possível optar por uma postura criativa de ensino musical, realizando gravações, criando melodias, combinando ritmos e sons pré-gravados e rearranjando pequenas peças musicais em formato MIDI que podem também ser adotadas pelo professor para o acompanhamento das músicas cantadas individualmente ou em grupo por seus estudantes.

Diante do exposto, podemos examinar e explorar uma enorme quantidade de *softwares* que servem às várias fases de uma produção musical e às várias etapas do ensino de música, atendendo à uma proposta de ensino musical mediada por recursos computacionais que leva em consideração as etapas de desenvolvimento musical descritas por Swanwick

(2003). Essa proposta de ensino deve, também, considerar o desenvolvimento relativo ao uso da informática no processo de criação e manipulação musical e a inclusão da informática no ensino básico, fazendo referência também às propostas construtivistas de ensino.

O *SOFTWARE* EDUCATIVO MEGALOGO

O *software* MegaLogo é disponibilizado nos computadores instalados pelo ProInfo nas escolas de ensino básico das redes estadual e municipal. A interface musical que acompanha esse *software* é um programa da linha Logo, que caracteriza-se por propiciar uma ampla relação com elementos gráficos musicais e por ser um ambiente de escrita musical no qual o estudante constrói as melodias a partir de sua audição, que é o elemento essencial para o desenvolvimento musical.

Esse programa possibilita que o estudante tenha contato com os elementos da grafia musical, isto é, com as figuras musicais. Ele permite a escolha de timbres diferenciados, e exibe a pauta de cinco linhas e um teclado musical com quatro oitavas, por meio dos quais se pode inserir as figuras no pentagrama. Este foi o *software* utilizado em nosso experimento com os estudantes do ensino fundamental de uma unidade escolar estadual de Goiânia em 2006, no qual nos propusemos analisar a construção de conceitos musicais e o desenvolvimento do conhecimento em música.

No próximo capítulo apresentamos os procedimentos metodológicos empregados para a realização da pesquisa.

4

PROCEDIMENTOS METODOLÓGICOS

Para alcançar o objetivo proposto nesta obra, que é o de verificar as características da integração do computador, das multimídias e dos *softwares* no ensino musical escolar, optamos por uma metodologia que contemplasse três universos específicos de coleta de dados. Inicialmente, realizamos uma revisão bibliográfica para revelar os aspectos da inserção da informática no ensino regular e na música, para chegarmos à abordagem do ensino musical mediada por recursos informáticos. Posteriormente, realizamos um trabalho de catalogação e avaliação dos *softwares* que podem ser utilizados no contexto da musicalização na escola de educação básica. Por fim, realizamos a experimentação de um desses *softwares* por meio de sua aplicação empírica no ensino musical da unidade escolar pesquisada, com a respectiva análise de cunho qualitativo conduzida sob a abordagem microgenética.

Nosso objetivo foi verificar o desenvolvimento cognitivo-musical dos estudantes, com base na análise da construção de conceitos elementares do conhecimento musical mediado por recursos tecnológicos.

Para tanto, realizamos os seguintes procedimentos: a) verificação do perfil dos estudantes participantes quanto ao seu conhecimento musical e de informática; b) filmagens das sessões/aulas e das ações dos participantes durante a resolução de atividades musicais; c) análise microgenética da construção de conceitos musicais por meio das fases e estágios definidos por Vigotsky (1998); e d) análise do desenvolvimento musical por meio da teoria de desenvolvimento musical de Swanwick (1991, 2003).

O experimento empírico foi conduzido em sessões/aulas nas quais, por meio da análise das filmagens realizadas, buscamos encontrar momentos que revelassem mudanças nas ações e no pensamento musical e evidenciassem a gênese da construção do pensamento conceitual na apren-

113

dizagem musical dos participantes. Para facilitar o entendimento desse processo, descreveremos, nas próximas cinco seções, o contexto da escola, a avaliação do perfil dos estudantes, o processo de condução das sessões/aulas, a análise das entrevistas e a análise microgenética.

CONTEXTO DA ESCOLA E PERFIL DOS ESTUDANTES PARTICIPANTES

Para a realização da pesquisa empírica escolhemos uma unidade escolar da rede pública estadual na região do Morro do Mendanha, em Goiânia, Goiás. A escola possui um laboratório de informática instalado pelo ProInfo e, apesar de todas as dificuldades pelas quais passa o ensino de música nas escolas de ensino básico, foi possível realizar as sessões/aulas neste laboratório, em cujos computadores estão instalados os *softwares* utilizados. Além dos equipamentos do laboratório de informática, essa escola possui um teclado musical que foi utilizado nas aulas, juntamente com outros equipamentos disponíveis como aparelho de som com toca CD, televisão e aparelho de vídeo.

A ESCOLA

No ano letivo de 2005, a unidade escolar pesquisada encontrou diversas dificuldades para manter o funcionamento no período noturno, em virtude do quantitativo insuficiente de estudantes para que o turno pudesse funcionar. Foram, então, abertas três turmas de ensino médio e uma oitava série do ensino fundamental. Em 2006, foram abertas, pela primeira vez, turmas de Educação de Jovens e Adultos (EJA), com três grupos de alunos matriculados, sendo um no primeiro período (sexto ano), um no segundo período (sétimo ano) e outro no terceiro período (oitavo ano).

Os projetos ligados ao laboratório de informática atendem a todas as séries nos três turnos (matutino, vespertino e noturno), totalizando cerca de mil estudantes atendidos nesses projetos.

Inicialmente, encontramos dificuldades profissionais significativas como professor de música nessa unidade escolar. No entanto, como já atuávamos há três anos nessa instituição, conseguimos convencer toda a comunidade escolar de que a música podia trazer benefícios maiores do que se pensava, mostrando, por exemplo, que era possível integrar toda a comunidade escolar por meio da experiência estético-musical, tornando a aprendizagem musical algo curioso, prazeroso e relevante. Os estudantes desenvolveram tanto a sua capacidade de leitura crítica cultural quanto as capacidades específicas do conhecimento musical, ou seja, o aspecto criativo-cognitivo, além de desenvolverem, também, potencialidades que foram importantes para o aprendizado de outras disciplinas.

Com relação ao uso do laboratório de informática, essa unidade escolar foi uma das primeiras a serem contempladas pelo Núcleo de Tecnologia Educacional (NTE), com um laboratório de informática em Goiânia. Porém, poucos professores da instituição pesquisada receberam a capacitação necessária para que pudessem desenvolver projetos que incluíssem a informática em suas disciplinas, trabalho que acabou ficando a cargo de um professor responsável pelo laboratório e pelo desenvolvimento de projetos ligados ao turno (matutino, vespertino, noturno) em que atende. Além disso, os estudantes reclamam por não poderem utilizar esse espaço, seja pela falta de funcionários que os atendam ou pela falta de projetos na matriz curricular que incluam o uso do laboratório de informática da escola.

Perfil dos participantes

Para participar das oficinas (sessões/aulas) vinculadas à pesquisa empírica, foram selecionados oito estudantes do ensino fundamental que não conheciam a estrutura e tampouco a grafia musical. Esse foi o principal critério para a escolha e a seleção dos participantes. Os outros critérios incluíam declarar ter afinidade e gosto por música, além de interesse e disponibilidade de tempo para participarem das oficinas musicais.

Os oito estudantes escolhidos participaram da filmagem e do processo de desenvolvimento musical. Na fase seguinte, a de análise microgenética, participaram apenas três estudantes. Essa redução explica-se pela profundidade da análise, pela extensão dos dados coletados, pela busca por minúcias, origens e acompanhamento do processo de desenvolvimento musical.

A análise microgenética exige atenção minuciosa do professor pesquisador quanto à evolução do processo de aquisição de conhecimento, no qual são analisados ações, expressões, gestos, palavras, frases, perguntas e respostas, bem como a atenção total ao processo, como defendido por Vigotsky (1998). A análise não se limita a saber se os participantes se desenvolvem musicalmente. É preciso também saber como se processa tal desenvolvimento, ou seja, como o participante passa do estado de não saber para o de saber.

Deste modo, propusemo-nos a verificar os aspectos didáticos, pedagógicos e psicopedagógicos envolvidos na aprendizagem musical desses três participantes nesse contexto de ensino. Os três estudantes analisados microgeneticamente demonstraram caminhar no processo de desenvolvimento dos conceitos esperados, cada um com peculiaridades próprias, porém, com características suficientemente abrangentes para comprovar a hipótese de que os recursos computacionais contribuem para o processo de ensino musical.

O questionário escolhido para avaliar o perfil dos estudantes foi o utilizado por Vieira (2004). Neste estudo, sintetizamos as características essenciais dos estudantes nos quesitos idade, sexo, conhecimento em informática e conhecimento e gosto musical. A partir deste questionário, os estudantes participantes passaram a ser identificados pelas iniciais JB, JP e EL. O Quadro 10 apresenta uma síntese do perfil dos estudantes pesquisados.

QUADRO 10
DESCRIÇÃO DE PERFIL DOS TRÊS ESTUDANTES PARTICIPANTES
DA PESQUISA ESCOLHIDOS PARA SEREM ANALISADOS
MICROGENETICAMENTE

JB (SEXO MASCULINO, 17 ANOS)			
HISTÓRICO ESCOLAR/ CONHECIMENTO EM INFORMÁTICA	Sempre estudou na escola pública.	Cursa o primeiro ano do segundo grau.	Domina o *Windows*, maneja o *mouse* e o teclado, acessa a *Internet*.
FORMAÇÃO MUSICAL	Nunca estudou música na escola.	Nunca estudou música em escola especializada.	Participa de atividades musicais na igreja, toca de ouvido violão e um pouco de teclado, baixo e bateria.
ACESSO À MÚSICA E GOSTO MUSICAL	Ouve rádio, assiste à TV e navega na *Internet* todos os dias.	Ouve música em todos os momentos livres do dia.	Gosta de ritmo, melodia, letra, arranjos vocais e solos vocais e sobretudo instrumentais.
SIGNIFICADO DA MÚSICA	Gosta de *hard rock*, *rock* nacional e balada	Considera a música fundamental em sua vida.	Escreveu "A música é tudo" no questionário.

JP (SEXO MASCULINO, 13 ANOS)			
HISTÓRICO ESCOLAR/ CONHECIMENTO EM INFORMÁTICA	Sempre estudou na escola pública.	Cursa a sétima série do primeiro grau (8º ano).	Domina relativamente o *Windows*, maneja o *mouse* e o teclado sem grande dificuldade. Acessa a *Internet*.
FORMAÇÃO MUSICAL	Nunca estudou música na escola.	Nunca estudou música em escola especializada.	Nunca tocou um instrumento musical. Tem dificuldades com afinação. Tem domínio rítmico apenas regular.
ACESSO À MÚSICA E GOSTO MUSICAL	Não frequenta recitais ou *shows*, não ouve música pela TV e nem pela *Internet*.	Ouve música pelo rádio todos os dias e em festas.	Ouve música na hora de descansar e gosta só do ritmo.
SIGNIFICADO DA MÚSICA	Gosta de *pop-rock*, *punk*, MPB, axé e *funk*.	Considera a música fundamental em sua vida.	Escreveu "Ela nos descontrai e algumas músicas até tranquilizam".

(continua)

QUADRO 10
DESCRIÇÃO DE PERFIL DOS TRÊS ESTUDANTES PARTICIPANTES
DA PESQUISA ESCOLHIDOS PARA SEREM ANALISADOS
MICROGENETICAMENTE

EL (SEXO FEMININO, 13 ANOS)			
HISTÓRICO ESCOLAR/ CONHECIMENTO EM INFORMÁTICA	Sempre estudou na escola pública.	Cursa a sétima série do primeiro grau (8º ano).	Domina relativamente o *Windows*, maneja o *mouse* e o teclado sem grande dificuldade. Acessa a *Internet*.
FORMAÇÃO MUSICAL	Nunca estudou música na escola.	Nunca estudou música em escola especializada.	Nunca tocou um instrumento musical. Tem facilidades com afinação. Tem domínio rítmico apenas regular.
ACESSO À MÚSICA E GOSTO MUSICAL	Não frequenta *shows* ou recitais.	Ouve música em festas, em reuniões com amigos e em casa.	Ouve música pelo rádio e pela TV todos os dias. Ouve música na hora de estudar, de desenvolver algumas tarefas em casa e na hora de descansar.
SIGNIFICADO DA MÚSICA	Gosta de sertanejo, samba, *rock*, ópera, pagode, MPB e axé.	Gosta do ritmo e da letra.	Escreveu: "(a música) é fundamental, pois é um meio de expressar os nossos sentimentos e é alegria e expressão".

(conclusão)

Os estudantes JB, JP e EL foram os que mais se empenharam nas atividades do começo até o fim do experimento. Vale salientar que os três, com idades de 17, 13 e 13, respectivamente, encontram-se em um nível equivalente à etapa de desenvolvimento cognitivo (idade e escolaridade). O estudante JB possui um nível maior de vivência musical, o que proporcionou maior desenvolvimento nas atividades voltadas para a prática; ele pôde auxiliar os demais colegas que apresentaram dificuldades. Por outro lado, os estudantes JP e EL são muito parecidos quanto ao conhecimento em informática, ao gosto musical e ao processo de desenvolvimento de seu conhecimento em música, como podemos verificar no capítulo cinco.

Sessões/aulas

O experimento relatado neste livro pode ser classificado como uma pesquisa empírica participante (BASTIAN, 2000), de abordagem qualitativa, tendo como objeto delimitado de estudo o uso da informática no processo educativo musical e a verificação das características técnicas e pedagógicas deste novo espaço de atuação do educador musical na iniciação musical de estudantes da escola pública de educação básica.

Na pesquisa empírica participante o pesquisador age diretamente sobre o grupo pesquisado, atua com o grupo, propõe a participação nas atividades e escolhe, com base nas respostas do grupo, os dados que objetiva analisar. Com o apoio da equipe pedagógica da escola, o professor pesquisador ministrou aos participantes 18 sessões (totalizando 36 horas de aula) por meio das quais coletou dados para análise.

Com o intuito de propiciar o desenvolvimento musical dos estudantes, no âmbito escolar, o professor pesquisador propôs e conduziu várias atividades nos espaços interno e externo do laboratório de informática, como vivências musicais de escuta, ritmo, percussão, criação musical e construção da escrita das melodias vivenciadas individualmente e em grupo. As únicas exigências feitas aos participantes foram que eles, necessariamente: a) escrevessem a música já conhecida ou vivenciada; b) utilizassem o computador e solicitassem, quando necessário, a ajuda dos colegas e do professor; c) disponibilizassem o resultado final para análise em grupo.

As aulas ministradas no espaço externo do laboratório de informática foram necessárias para a vivência de vários dos elementos musicais ligados ao trabalho com o corpo e a escuta musical, nas quais os estudantes puderam vivenciar também algumas noções de criação musical, utilizando o chamado corpo-movimento. O foco do desenvolvimento musical, porém, ainda permaneceu no trabalho mediado pelo *software*, tanto que o professor/pesquisador considerou desnecessário trabalhar aulas expositivas, justamente por querer verificar se na interação com o *software*, no laboratório de informática, os estudantes manifestariam a construção dos conceitos musicais e se, nas demais aulas, eles sentiriam a necessidade de esclarecer dúvidas referentes ao que aprenderam no contato com o *software*.

As aulas desenvolvidas no contexto do laboratório de informática possibilitaram aos estudantes participantes um contato experimental de acesso a elementos sonoros prontos, físicos (porque podem ser ouvidos) e virtuais (porque são arquivos de computador), permitindo o contato ,também, com os aspectos gráficos e estruturais desses elementos sonoros que puderam ser modificados e recontextualizados para atender às necessidades estéticas e sociais dos estudantes, num processo de significação pedagógica.

Das dezoito sessões/aulas trabalhadas, oito foram desenvolvidas com o computador. No entanto, para efeito de análise de dados, foram escolhidas somente as aulas em que os estudantes trabalharam a grafia com o *software* MegaLogo. Esse recorte foi necessário porque, desde o início do trabalho de pesquisa, o pesquisador já havia observado o potencial do *software* MegaLogo para tal finalidade. Na interação dos estudantes com o programa, foi possível verificar um maior grau de manipulação de elementos ligados à estrutura musical. Outro fator considerado decisivo foi o fato de o NTE oferecer poucos programas pedagógicos voltados para o desenvolvimento de atividades relacionadas com o conhecimento musical.

Além do *software* trabalhado, MegaLogo na interface TOCA, também utilizamos o jogo musical EduMusical, páginas da *web* sobre teoria musical, o gravador de som do *Windows* e rádios *online*. As atividades não diretamente relacionadas ao *software* de grafia musical visaram a trabalhar vários elementos não contemplados no *software*, como a escuta e a análise musical, a criação musical individual e em grupo, a gravação de voz, o estudo teórico dos elementos essenciais da música (como os parâmetros do som) e uma introdução ao estudo da grafia.

Para fins didáticos, elaboramos um cronograma das aulas ministradas, contendo uma descrição do objetivo geral de cada sessão/aula, dos materiais utilizados (os *softwares*, por exemplo), das etapas alcançadas dentro do conteúdo mais abrangente, das estratégias utilizadas pelo professor e das observações feitas após o término de cada sessão/aula. Esse cronograma apresentou, também, as aulas proferidas no experimento, com a respectiva descrição dos objetivos, da metodologia, dos recursos, e da avaliação destas sessões/aulas. No entanto, mesmo com todo esse planejamento e previsão de percurso, novos caminhos surgiram e foram tomados no processo educativo. Ao observar essas reorientações e o desenvolvimento dos participantes, consideramos o aspecto individual do desenvolvimento de cada participante, apesar de o experimento ter sido conduzido em grupo.

PROCEDIMENTOS DE ANÁLISE

A análise microgenética teve, nesse estudo, o objetivo de encontrar os traços de desenvolvimento cognitivo revelados pelos estudantes participantes em momentos de mudança na construção de determinados conceitos ou parâmetros estruturais elementares sonoros, como altura, duração, intensidade, timbre, e elementos musicais como a melodia, o ritmo, a dinâmica e a instrumentação.

Nesse sentido, com o objetivo de analisar a gênese e o processo de construção do conhecimento musical dos participantes com foco nos conceitos elementares sonoros e musicais, estipulamos algumas categorias para proceder às análises. Essas categorias são baseadas nas fundamentações que tratam do desenvolvimento musical e da construção de conceitos.

CATEGORIAS PARA ANÁLISE MICROGENÉTICA DO DESENVOLVIMENTO DE CONCEITOS MUSICAIS

Objetivando verificar o grau de desenvolvimento musical e o nível de internalização e/ou construção dos conceitos sonoros/musicais de cada participante, fundamentamos nossa análise em dois universos teóricos que serviram de critério para nossa análise microgenética. A análise do desenvolvimento musical deveria partir, necessariamente, das categorias organizadas por Swanwick (1991, 2003) como exemplificado no Quadro 05. A análise da construção de conceitos sonoros/musicais deveria fundamentar-se nas categorias encontradas em Vigotsky (1991, 1998), em três fases subdivididas em estágios.

Por meio dessas categorias, analisamos o processo de construção do conhecimento musical seguindo os modelos e exemplos presentes em Inhelder (1996), Wertsch (1987), Allessandrini (2004) e Mantoan (1993, 1998), como explicitamos em capítulos anteriores.

ESTRUTURA DE ANÁLISE DAS FILMAGENS

Com base nas categorias propostas por Swanwick e Vigotsky, realizamos a análise microgenética de episódios sequenciais considerados relevantes para a verificação da construção de conceitos musicais. Esta análise deu-se inicialmente por meio de um banco de dados digital. Elaboramos quadros que descreveram as ações de cada estudante pesquisado, de seus colegas e do professor, incluindo comentários sobre os gestos e as falas de cada participante observado no recorte de determinada sessão/aula. A análise foi ainda enriquecida com uma análise inicial na qual expusemos as características da relação entre os estudantes e o conhecimento sonoro/musical em construção. Nas sessões/aulas escolhidas, observamos as sequências de tempo, as etapas, as ações dos estudantes, as ações do professor e incluímos nossas observações iniciais.

As filmagens correspondentes às analises efetuadas foram gravadas em CD-ROMS no formato SVCD; os minutos foram contados do início até o final, com saltos entre as partes. Organizamos, também, uma sequência das filmagens realizadas no laboratório de informática, contendo as atividades escolhidas para a análise microgenética.

5

Análise dos dados e dos resultados

Com base nos dados coletados, registrados por meio de filmagens e armazenados em CD-ROM, analisamos a gênese e o processo de construção de conceitos musicais em nossos participantes.

Para verificar a construção de conceitos, empregamos as características das fases e estágios identificados por Vigotsky (MANTOAN, 1993), além dos aspectos referentes ao pensamento e à linguagem no desenvolvimento do pensamento categorial. Verificamos, também, os aspectos didático-pedagógicos referentes à mediação, à internalização de conceitos, à Zona de Movimento Livre (ZML), à Zona de Promoção de Ação (ZPA) e à Zona de Desenvolvimento Proximal (ZDP).

Nesse contexto, os estudantes participantes JB, JP e EL foram analisados em seus respectivos momentos de construção, por meio das categorias de desenvolvimento de conceitos propostas por Vigotsky (1991) que reconhece três grandes modalidades de desenvolvimento do significado das palavras: o pensamento sincrético, o pensamento por complexos, e o pensamento conceitual.

Análise dos dados

Para analisarmos o desenvolvimento individual dos participantes foi necessário lançar mão de uma gama extensa de intervenções que os ajudaram e os conduziram no processo de aprendizagem.

Começamos por cantar a canção *Parabéns pra você*, vivenciando-a com todo o grupo, dando a todos os participantes a oportunidade de cantarem juntos a referida canção e realizarem o solfejo correspondente. Essa atividade serviu para apoiar o trabalho mais complexo que seria desenvolvido posteriormente no laboratório de informática.

123

Enfatizamos, assim, que o processo de construção dos conceitos mediado por *software* teve, preliminarmente, um suporte de vivência musical no qual os participantes foram esclarecidos quanto os objetivos da atividade. Essa etapa é de suma importância para tornar a atividade significativa para os estudantes. Ainda nesta fase de preparação, introduzimos o solfejo musical junto aos participantes, o que possibilitou que eles encontrassem um primeiro caminho diante do *software* utilizado. O fato de eles cantarem a melodia com o nome das notas possibilitou a utilização desse recurso quando foram posteriormente desafiados a construir ou grafar a melodia no computador.

Por meio desta atividade, estabelecemos para os participantes uma zona de movimento livre (ZML) com o solfejo e as notas musicais vivenciadas, com o *software* disponível, com o teclado musical presente no laboratório de informática e com a possibilidade de o participante solicitar a ajuda dos colegas e do professor.

Convém enfatizar que esse momento é altamente relevante dentro da perspectiva das etapas do desenvolvimento musical escalonadas por Swanwick (2003, p. 92), na qual inicialmente é necessário haver um reconhecer de sonoridades, com a identificação e o controle de sons vocais e/ou instrumentais. Essa primeira etapa permite ao professor pesquisador verificar inicialmente o processo de aprendizagem musical dos participantes. O conhecimento de sua relevância deve ser objeto e objetivo dos procedimentos de ensino do professor educador musical.

ANÁLISE MICROGENÉTICA: PARTICIPANTE JB

O estudante/participante JB tocou a melodia da primeira frase da canção *Parabéns pra você* no teclado musical externo, antes de tentar grafá-la no *software* MegaLogo. JB utilizou posteriormente o teclado interno do *software* para conduzir o processo de construção da melodia. Esse recurso, juntamente com a vivência anterior do solfejo, estimulou o participante a trabalhar dentro de sua zona de promoção da ação (ZPA) para iniciar a escrita da primeira frase no *software*.

Comprovamos, durante essa etapa de observação, a necessidade de o estudante ter um suporte vocal e/ou instrumental melódico para orientá-lo e estimulá-lo diante de um desafio maior, evitando que ele se desencoraje diante da complexidade da atividade e dos objetivos propostos. O estudante/participante necessariamente lançou mão de seu universo de conhecimento diante das ferramentas disponibilizadas no *software* para resolver o problema proposto.

Segundo Vigotsky (1991), o desenvolvimento científico de caráter social se produz nas condições do processo de instrução. Nesse caso, o participante de pesquisa possui os conceitos cotidianos, que se encontram limitados em sua capacidade de abstração. Os novos conceitos apresentados nas atividades e por meio do *software* (palavras e símbolos correspondentes) ainda não são relacionados com tais conceitos cotidianos do participante.

Nesse caso, o estudante JB já conhece as notas musicais (dó, ré, mi, fá, sol, lá, si) e sabe localizá-las no teclado musical. Por meio do solfejo, ele internalizou a sequência, nota por nota, das alturas da canção que construirá na grafia. Por meio desse recurso, o professor almejou potencializar a zona de desenvolvimento proximal (ZDP) do participante, que pôde, posteriormente, integrar esses conceitos aos signos presentes no experimento mediado pelo *software* e consequentemente desenvolver um conhecimento novo.

A canção *Parabéns pra você* possui quatro frases com suas respectivas relações estruturais. As repetições foram identificadas pelos participantes no processo de construção de conceitos de altura, duração e forma musical.

Ao manipular o *software*, o participante JB explorou a altura e grafou a primeira frase com durações iguais, utilizando somente sua memória e fazendo algumas tentativas. Desse modo, ele concentrou sua atenção na altura das notas e no conceito de afinação, ao buscar organizar as notas no lugar certo. Esse *software* possibilitou uma rápida e direta ação do participante em sua zona de promoção da ação (ZPA). Tal possibilidade foi um caminho traçado depois que o participante internalizou os objetivos da atividade e gradativamente testou as alturas, escrevendo nota por nota, ouvindo o que foi escrito e corrigindo as notas que ele considerou erradas. Nesse processo, o participante comparou o que o *software* tocava com o que ele tinha registrado em sua memória consciente. Vale ressaltar que nesse processo o participante demonstrou sua capacidade de diferenciar, igualar e comparar informações.

Dessa forma, JB utilizou sua estrutura cognitiva formal para desenvolver uma *tese* (as possibilidades, as tentativas, os erros), avaliar uma *antítese* (a resposta musical do *software*) e chegar à uma *síntese*, ou seja, o resultado auditivo considerado satisfatório por ele. Esse resultado alcança, necessariamente, o máximo de proximidade com o solfejo vivenciado, mesmo que cada participante tenha internalizado esse solfejo com variações de compreensão, de acordo com o seu nível de percepção e sua experiência musical.

Em se tratando da construção do conceito de altura e de sua grafia, o participante JB demonstrou ter passado por todos os estágios da primeira fase da construção de conceitos descritas por Vigotsky (1991). Em primeiro lugar, o participante trabalhou por tentativa e erro, para depois compreender as relações entre as alturas das notas musicais por sua organização no campo visual do *software*. Nesse processo, o participante foi encontrando elos entre os objetos (as notas musicais), mesmo que esses elos ainda traduzissem um pensamento sincrético. Na entrevista final, JB demonstrou ter internalizado a relação entre a posição do campo visual e o nome da nota.

A gênese do conceito altura é confirmada pelo domínio da palavra que nomeia as notas musicais. No entanto, até aqui o participante JB havia passado pelo processo descrito por Swanwick (1991, p. 92-93) como sensorial e manipulativo e de domínio de materiais, caminhando para a etapa descrita como imitação e expressão, no qual há "um domínio de materiais mínimos, nem sempre total, insuficiente para permitir a expressão pessoal" e ainda "não presta atenção às relações estruturais (…) descrevendo a música em episódios e associações pessoais e imagens visuais com percepção de qualidades". Desse modo, o conceito altura foi sendo internalizado aos poucos, acompanhado por um processo em que o fazer e o compreender estão associados.

Depois de haver escrito a melodia, JB percebeu que, apesar das notas estarem certas, o ritmo não correspondia ao vivenciado. Passou, então, a consultar os colegas para saber se algum deles havia feito o ritmo de forma diferente. Agindo dessa forma, JB atuou dentro da zona de movimento livre (ZML), percebendo que sua colega FA conseguiu usar outra figura musical mais próxima da que ele considerou como correta.

Nesse processo, JB pediu a ajuda da colega para encontrar o caminho ou a informação que ele desejava. Vigotsky (1998) enfatiza a relevância das relações interpessoais no processo de desenvolvimento do participante. Constamos, por meio de nossas observações, que não é somente o professor quem promove a ação do participante (ZPA), mas também os colegas, o *software* e as experiências pessoais. Nessa perspectiva, o participante buscou no outro o que não encontrava em si mesmo e nem no *software* até aquele momento.

Depois de haver manipulado as alturas, JB preocupou-se com o que podia ser alterado nessas notas sem interferir em suas alturas, ou seja, ele passou a buscar o ritmo. Ele novamente consultou a mesma colega para encontrar a informação que poderia conduzi-lo a compreender o que deveria ser feito para solucionar seu problema. Destacamos, nessa etapa, o quesito "diferença", por ser a manifestação do desequilíbrio interno do estudante. Depois que o professor explicou que o que estava diferente era o ritmo, o participante ligou esta palavra às figuras diferentes utilizadas pela aluna FA e afirmou: "*Ah! Você fala o ritmo? O meu ficou mais lento e o dela mais rápido*".

A reação de JB exemplificou a relevância da palavra para a construção de conceitos. A partir dessa descoberta, JB relacionou, comparou e fez inferências sobre os conceitos "mais lento" e "mais rápido", relacionando-os às figuras musicais diferentes. Ele associou a diferença entre durações à diferença entre os símbolos, o que potencializou sua zona de desenvolvimento proximal (ZDP). Esse foi um passo importante para o participante compreender que os símbolos estão relacionados às durações sobre as quais o participante comenta: "*então, quer dizer que cada um desses* [figuras musicais] *aqui é questão de rápido e lento?*". Em seguida, JB chegou a uma nova conclusão: "*com essa nota* [figura] *eu posso fazer dó-ré-mi-fá-sol-lá-si-dó, e com essa outra, também. Todas? Então, isso aqui significa tempo!*".

A conclusão tirada valendo-se das comparações promoveu no participante ações (ZPA) ligadas à modificação das melodias escritas e assimiladas, nas quais ele trocou as figuras primeiramente usadas por outras, com a finalidade de variar o tempo das notas, sem movê-las do lugar correto (o espaço visual que expressa o conceito altura).

Pudemos verificar em que grau de profundidade se encontram as internalizações desse estudante/participante. Ele compara e separa os dois conceitos, altura e duração. Primeiramente, ele havia internalizado a melodia como uma estrutura única, mas foi capaz de realizar uma análise na qual dividiu o todo (a estrutura única) em partes separadas. Sem essa capacidade de análise, o participante não teria conseguido avançar na correção da melodia. Essa mudança gradual nas internalizações do participante nos pareceu ser, ao mesmo tempo, uma necessidade para seu avanço na solução do problema e um resultado do processo de mediação realizado pelo *software* MegaLogo.

Ao observarmos o participante pela perspectiva de desenvolvimento em espiral de Swanwick (2003), constatamos que ele retroage em espiral; em outras palavras, ele passou a trabalhar com outro conceito (ritmo) e, nesse processo de internalização, voltou ao nível identificado por Swanwick como sensorial e manipulativo. O participante demonstra a necessidade de, a cada vez que trabalha com um conceito novo, ter que voltar e passar pelos mesmos microprocessos de etapas de desenvolvimento. Essas etapas, aos poucos, vão sendo vivenciadas com mais rapidez, porém, não são abandonadas ou saltadas.

Diante de um novo conceito, o participante volta, também, à etapa primária da construção de conceitos de Vigotsky (1991). Como já havia feito na construção inicial do conceito altura, ele começa pelo estágio um, de manifestação de tentativa e erro, passando então para o estágio dois, de organização dos objetos de forma sincrética. JB potencializa, desse modo, uma nova zona de desenvolvimento proximal (ZDP), na qual, em segundos, será capaz de realizar, por meio do *software*, o que não faria sozinho: ele compreenderá as relações entre tipos de figuras com determinadas durações.

Vale salientar que a atividade de construção da grafia da canção *Parabéns pra você* durou cerca de quarenta minutos, sendo muito rápidas as tomadas de decisões, as conclusões tiradas e a busca de soluções por parte dos estudantes participantes. Toda a gama de conceitos, comparações, realizações e conclusões ocorreu em um período de tempo que, embora curto, possibilitou aos participantes a internalização plena dos conceitos musicais propostos para serem trabalhados nessa etapa. Além disso, ao trabalhar em um processo gradual, os estudantes/participantes superaram as etapas iniciais da construção de conceitos, buscando apoio uns nos outros e também solicitando a orientação do professor.

Essas observações nos permitiram confirmar as afirmações de Vigotsky (1998), ao assinalar que os aspectos mais complexos da constituição psicológica se dão somente no contato com o outro social. Essa etapa do experimento evidenciou, também, o papel da mediação cultural simbólica exercida pela linguagem falada e escrita na ampliação das potencialidades intelectuais do ser humano. Por ter sido desenvolvido dentro de uma proposta construcionista de ensino, o uso do *software* MegaLogo exige do professor a organização prévia da atividade, e exige do estudante uma abertura à experimentação. Sem a orientação das atividades, os estudantes perdem-se diante dos signos e símbolos e não sabem o que fazer com o *software*. No caso do nosso experimento, o professor pesquisador organizou previamente a atividade e preparou os estudantes para a experimentação e para compreenderem o objetivo da atividade, o que gerou nos participantes o interesse em realizar e acompanhar a construção da escrita musical.

Posteriormente, verificamos que JB encontrou vínculos que se manifestaram pela experiência imediata referente às figuras de tempo. O professor pesquisador o direcionou a perceber, por meio do canto, que cada nota possui uma duração específica, fato constatado pelo seguinte diálogo entre JB e seu professor:

> **Professor:** *JB, tá vendo que o "mi" dura mais que todas as outras notas? Agora tenta substituir esse "mi" que tem aí, JB, por aquela figura que não tem a cabeça cheia* (mínima).
>
> **JB:** *Essa aqui? Ah! Eu estou começando a pegar. Ah! Ela dá um intervalo mais puxado. Então tá certo.*
>
> **Professor:** *Isso. Essa nota ai é o dobro da "fá" e da "ré".*
>
> **JB:** *Beleza. Agora é só começar tudo de novo. Não é? Agora eu vou sozinho...*

Esse fragmento é interessante porque mostra que as explicações do professor conduzem as novas ações do estudante, promovendo sua ação (ZPA); e que o participante avança após compreender um procedimento (ZDP). O estudante manifestou, por exemplo, compreender que a melodia, que está dividida em quatro frases, possui estruturas que se repetem em cada uma destas frases, o que significa que outro conceito, o de forma (com frase e semifrase musical), começa a ser percebido pelo estudante. JB evidenciou ter desenvolvido a compreensão de que a segunda frase, à qual ele dará início, possui as mesmas notas no início e que as figuras serão as mesmas da primeira frase já escrita.

O mais importante nessa etapa não é exatamente a aprendizagem imediata dos conceitos, mas as possibilidades de contato com os conceitos por meio do processo de resolução de problemas, no caso da grafia completa da canção *Parabéns pra você*. A partir dessa fase, JB já começava a internalizar, dominar e a ter consciência da interligação entre os dois conceitos que ele anteriormente manipulava separadamente. JB passou a observar ambos: melodia-altura-nome-de-nota e ritmo-durações-figuras, encontrando novos referenciais para solucionar o seu problema. Podemos dizer que esse é o ápice genético dessa etapa do processo de aprendizagem, no sentido de que um certo número de relações conceituais foram compreendidas pelo participante no processo de aprendizagem.

Ao se observar o desenvolvimento de JB à luz das fases e estágios da construção de conceitos de Vigotsky, constatamos que o participante avançou para a segunda fase, a de pensamento por complexos. No primeiro estágio dessa fase ocorre a "reunião de objetos num grupo segundo eventuais relações que de fato existem entre eles" e, no segundo estágio, "os objetos são reunidos com base em características que os fazem parecer diferentes entre si" para, no terceiro estágio, se dar a "reunião de objetos de caráter dinâmico e sequencial que ocorrem associações de um objeto a outro" (VIGOTSKY, 1991). Isso ocorre quando o participante passa a agrupar as figuras relacionando os conceitos ritmo e duração aos nomes das notas e às suas respectivas alturas. O segundo estágio é confirmado quando o participante manifesta compreender a estrutura da forma musical, ou seja, suas partes e subpartes (frases e membros de frases musicais) que possuem semelhanças relativas aos conceitos de altura e duração.

Para comprovar que o final da segunda frase da canção possui alturas diferentes das alturas da primeira frase, o estudante JB dirigiu-se até o teclado musical para novamente experimentar a melodia da segunda frase (ZML). Ele confirmou, assim, o solfejo anteriormente vivenciado (ZPA).

Posteriormente, JB terminou a segunda frase e demonstrou satisfação por acertar as notas com o ritmo correto. Observamos sua satisfação pela recompensa do acerto nas notas, recompensa essa que foi interna e ligada especificamente à atividade desenvolvida. Isto demonstrou claramente que a atividade também foi significativa musicalmente para o participante.

Antes de prosseguir, o participante identificou um problema no *software*. Depois que encheu a tela destinada à colocação das notas (o pentagrama), JB ficou com dúvidas sobre como prosseguir. Mais uma vez, a figura do professor foi imprescindível para que o participante encontrasse a solução (ZDP).

Logo a seguir, JB demonstrou ter aprendido a manipular toda a estrutura do *software* para conseguir grafar a terceira frase da canção. À princípio, ele havia ido novamente ao teclado musical verificar que notas eram, para depois tocar essas mesmas notas no teclado musical da interface gráfica do *software*, definindo um procedimento padrão para conduzir o restante do processo (ZDP).

Observamos, ainda, que o estudante JB passou a auxiliar sua colega FA depois que ele concluiu sua tarefa. Ele manifestou, assim, ter chegado ao nível de pensamento complexo por coleções, identificada por Vigotsky (1991) como a fase na qual o participante consegue reunir objetos num grupo segundo eventuais relações de fato existentes entre eles, com base em critérios diversificados de semelhança.

Isto foi constatado quando JB conduziu sua colega FA no processo de escrita e ainda corrigiu as notas que ele considerava erradas, como atestado no fragmento da fala de JB, a seguir:

> *Olha, aqui está errado* (apontando para a tela do computador da colega FA). *Você pega. Aperta essa teclinha preta aqui* (apontando para o si bemol). *Agora você vai teclar nessa preta* (apontando para a figura semínima). *Agora o lá. Agora o fá. Sol. Fá. Acabou. Mas eu acho, professor, que ele tem que ser um desse aqui* (apontando para a figura mínima. Enquanto o *software* tocava o estudante apontou para a nota fá – a primeira nota da terceira frase – e continuou suas observações). *Essa aqui também está errada* (Enquanto o *software* era acionado novamente para tocar, ele apontou e fez novo comentário). *Quer ver? Esse aqui não está certo. Meu ouvido tá falando que ele tá errado.* (após a correção) *Ai, ó... Hi... hi... hi...!!!*

Esse fragmento explicitou três aspectos importantes. Primeiramente, mostrou que o estudante conseguiu reaplicar os procedimentos usados relativos aos conceitos anteriormente aprendidos, desta vez em situação musical diferente. Segundo, porque, nesse procedimento, o estudante manipulou os conceitos altura e ritmo, não um de cada vez, mas em conjunto, pois ele ajustou a altura e o ritmo, nota por nota, e não mais ajustou a altura de todas as notas para então ajustar o ritmo de todas, como era feito no início. Em terceiro, o estudante fez uso de sua percepção para alturas e ritmos de forma recontextualizada. Ele buscou a altura na memória, por meio do solfejo trabalhado anteriormente e confirmou suas informações com o auxílio do teclado musical presente no laboratório, comparando com o teclado virtual disponível no *software*; por fim, ele trabalhou o ritmo dentro das três possibilidades de figuras com as quais já havia tido contato (mínima, semínima e colcheia).

Podemos dizer que JB conseguiu comunicar-se utilizando os conceitos por ele internalizados. Vigotsky (1991) afirma que as situações comunicativas são possibilitadas pelo desenvolvimento dos pseudoconceitos ainda no nível dos complexos. Verificamos, ainda, que os pseudoconceitos são poderosos motores do próprio desenvolvimento conceitual (BAQUERO, 1998, p. 58).

O salto funcional do estudante JB é visível, a saber, sua mudança de comportamento musical. Ele alcançou, no desenvolvimento musical, o nível denominado de forma (SWANWICK, 2003, p. 92). Para alcançá-lo, ele passou pelo nível da expressão no qual "analisa efeitos expressivos relativos ao timbre, altura, duração…" para o nível da forma, na qual "percebe relações estruturais" e "o modo como as frases são repetidas" (SWANWICK, 2003, p. 93).

Swanwick (2003) elenca níveis de domínio musical que servem para avaliar o processo ou o nível em que se encontra o participante em seu fazer musical. Verificamos que esse nível manifestou-se em JB, não necessariamente pelo processo de desenvolvimento, mas por ele já ter atingido previamente tal desenvolvimento em virtude de sua experiência musical. Nesse caso, a sua experiência musical difere-se de seu conhecimento dos conceitos musicais ou da grafia.

Ao auxiliar a colega FA, o estudante JB surpreendentemente identificou uma nota errada. No processo de correção dessa nota no computador da colega, ele demonstrou ter a percepção auditiva como sua principal referência para a construção da grafia, pois mesmo cantando o nome da nota errada no solfejo, ele identificou a altura correta e posteriormente o seu nome correto. Assim, JB internalizou os conceitos relativos à altura e duração na ação com o *software* (ZPA), mas tendo como referencial sua audição (ZML), desenvolvendo, assim, competências reaplicáveis em outros contextos (ZDP).

Tal fato demonstrou que o *software* propiciou esse *feedback* para o participante (ZPA). Dessa forma, ele pôde encontrar a nota certa com referência a sua audição e não à simples repetição do solfejo dado pelo professor. Embora esse seja um incidente que mostra um engano do professor na hora de preparar o solfejo, o fato de o estudante operar no nível da audição (percepção), da grafia (símbolo) e do nome (palavra), confirma a hipótese da pesquisa. A atividade construcionista com o *software* pedagógico-musical levou o aprendiz à gênese e ao processo de construção de conceitos musicais de forma efetiva e significativa.

ANÁLISE MICROGENÉTICA: PARTICIPANTE JP

Na mesma sessão/aula, o estudante JP, de treze anos, demonstrou desenvolver aspectos semelhantes aos desenvolvidos pelo participante JB, de dezessete anos, porém, com peculiaridades próprias, em que ficaram evidentes outros aspectos relevantes da construção de conceitos e da internalização de palavras e símbolos correlatos. JP também apresentou as categorias observáveis referentes ao processo de mediação ZML, ZPA e ZDP.

Inicialmente, realizamos uma vivência com todo o grupo, na qual todos cantaram a música "Dó-ré-mi-fá-fá-fá", cuja letra já corresponde ao próprio solfejo. Foi intencional a escolha do professor por essa canção, com a finalidade de verificar novamente os procedimentos dos estudantes diante da necessidade de grafar uma melodia, utilizando somente a memória auditiva e o *software* de grafia musical disponível.

Posteriormente, o professor começa a filmar JP, observando que ele já havia escrito a primeira frase completa, trabalhando com tentativas e erros. Verificamos que ele escreveu as alturas corretas e tentou corrigir o ritmo do final da primeira frase. Apesar de separar os conceitos, percebemos que JP já os manipula num nível mais consciente, pois no próprio ato da escrita, ele corrigiu o ritmo do final da frase no qual as figuras usadas eram diferentes das demais.

Os elos entre os objetos permaneceram sincréticos em JP. Porém, nesse estágio, o estudante, que está no primeiro estágio da construção de conceitos, apresentou uma operação um pouco mais elaborada.

Como na análise anterior, as quatro frases da canção "Dó-ré-mi-fá--fá-fá" foram ressaltadas aqui também. Os grupos de notas passaram a ser observados pelo estudante JP, incluindo as repetições dentro de frases que se sucedem.

A manipulação inicial de elementos dentro do aspecto visual em uma agregação desordenada identifica que o participante opera dentro da primeira etapa da construção de conceitos. No desenvolvimento musical, segundo Swanwick (2003), o domínio dos materiais na etapa inicial é denominado "nível sensório e manipulativo".

JP trabalhou passo a passo corrigindo a altura e, logo em seguida, o ritmo, de forma totalmente experimental. É notável que ele internalizou os dois conceitos elementares da construção melódica. O participante começou a associar o lugar da figura à altura e a compreender que figuras diferentes possuem durações diferentes e figuras iguais possuem durações iguais. A mediação do *software*, ao oferecer respostas rápidas às ações do estudante, o conduziu (ZPA) a uma tomada cada vez mais consciente de decisões, fazendo com que fosse capaz de encontrar padrões dentro da estrutura formal da canção (ZDP).

De forma acidental, JP apagou tudo o que havia feito, e teve que refazer todo o trabalho. Diante dessa situação, o professor estimulou-o a continuar e o estudante demonstrou estar disposto a realizar a escrita novamente. No processo de reescrita, ele já realizou modificações no ritmo que possivelmente tinha memorizado. O professor pesquisador verificou que JP reescreveu rapidamente as quatro partes da melodia (as quatro frases da canção), porém registrou um ritmo incorreto para as duas frases intermediárias. A última frase foi escrita com a mesma estrutura da primeira e estava correta.

Observamos dois momentos importantes nessa ação do estudante. Primeiramente, ele encontrou as notas certas e depois corrigiu o ritmo. No segundo momento, encontrou semelhanças entre as partes da melodia ao concluir que a última frase correspondia à primeira em altura (o lugar ocupado no pentagrama e o nome das notas) e em duração (as figuras).

No processo de construção de conceitos, JP atuou dentro da segunda fase, a do pensamento por complexos, já tendo superado a fase primária de reconhecimento e do predomínio das tentativas e erros. O estudante manifestou uma tendência para reunir os objetos segundo eventuais relações entre eles (VIGOTSKY, 1991).

Assim, JP pareceu desenvolver um procedimento padrão para a resolução do problema. Ele compreendeu que o final de cada frase possui ritmo igual e que as frases dois, três e quatro, apesar de serem semelhantes no início, eram diferentes da primeira frase, o que ele ainda não havia corrigido. Assim, ele primeiro acertou todas as alturas e o ritmo dos finais de todas as frases. Em seguida, procurou variar o ritmo do início das frases com a finalidade de encontrar a figura correta.

Quando JP corrigiu o ritmo do início da segunda frase para igualá-la ao ritmo da terceira e quarta frases, ele passou claramente a manifestar a capacidade de operar em etapas: a) escrita da primeira frase com o ritmo e notas certas; b) escrita das três próximas frases com notas corretas, sem se preocupar com o ritmo; c) correção do ritmo no final das três últimas frases; d) correção do início das três últimas frases que possuiam ritmos diferentes da primeira. Essa percepção das relações estruturais da música revelou que o estudante havia alcançado o nível de contato musical relativo à forma (SWANWICK, 2003, p. 92).

Na perspectiva da construção de conceitos (VIGOTSKY, 1991), JP reuniu os objetos segundo critérios vagos e fluidos, ora como complexos associativos, ora como coleções, ora por complexos em cadeia. As conexões entre os objetos foram estabelecidas a partir de atributos vagos, ilimitados e instáveis, na qual havia uma impressão geral da semelhança entre os objetos com foco em determinados atributos que os tornavam semelhantes.

Dessa forma, o estudante demonstrou ter internalizado a forma musical e sua estrutura referente aos aspectos de repetição e variação, entrando no estágio de construção dos conceitos musicais. Esse processo propiciou, ao final do experimento, que JP alcançasse o penúltimo estágio da segunda fase da construção de conceitos.

ANÁLISE MICROGENÉTICA: PARTICIPANTE EL

A aluna EL, 13 anos, participou de todo processo construindo os conceitos esperados, assim como os demais estudantes/participantes. Ela foi analisada na sessão/aula equivalente à mesma sessão em que os estudantes JB e JP haviam sido analisados.

Como já informado anteriormente, antes dos estudantes irem para o laboratório de informática, todos vivenciaram a canção *Parabéns pra você* e o seu respectivo solfejo. EL apresentou um perfil de timidez que não foi impedimento para a condução do trabalho, de forma que foi possível verificar seu desenvolvimento no processo da construção da grafia musical.

Nessa sessão/aula, o professor começou por filmar os outros estudantes e só depois é que passou a observar EL. A participante tinha escrito a primeira frase da melodia da canção *Parabéns pra você* e, enquanto conversava com o professor, tocava continuamente a melodia escrita, pois já havia escrito a primeira frase da canção e agora tentava escrever a segunda frase. Acreditamos que, neste ponto, a utilização do *software* tenha se dado de forma funcional, pois estimulou a estudante a executar ações relacionadas aos aspectos perceptivo, gráfico e conceitual (ZPA).

Outro fator que auxiliou a aluna EL a avançar na construção de sua aprendizagem foi a observação da forma como os outros colegas atuavam e realizavam as atividades. Ela demonstrou ter maior dificuldade e pareceu, num primeiro momento, estar diante de uma atividade mais complexa do que ela podia imaginar. EL havia copiado um trecho da colega FA, e procurou construir o restante da frase com base nas figuras que havia visto a colega usar em termos da localização espacial das primeiras duas notas (dó, dó).

Observamos que a participante procurou encontrar novamente no outro (na colega FA) os elementos de que precisava para compreender o procedimento para a solução do problema. A aluna não fazia ideia de como começar e foi proposital o fato do professor ter demorado mais para filmá-la. Dentro da zona de movimento livre (ZML), ela encontrou no procedimento da colega FA uma solução da qual ela poderia fazer uso para desenvolver o restante da grafia. Essa relação interpessoal acionou em EL uma zona de desenvolvimento proximal (ZDP) por meio da qual, no futuro próximo, a aluna poderia, por meio de mecanismos de promoção de ação (ZPA), manipular o *software* e dar continuidade à tarefa.

No processo de construção de conceitos, EL operou por tentativas e erros e não soube encontrar relações entre os conceitos vivenciados em grupo (o solfejo) e os símbolos gráficos do *software*. Ela dependia de uma demonstração prática inicial e, por isso, buscou auxílio na colega com quem se sentia mais à vontade dentro do laboratório. Daí em diante, foi clicando e experimentando todas as possibilidades do *software*. Assim, EL operou dentro da zona de movimento livre (ZML), procurando entre os recursos disponíveis aquele que faltava para completar o "quebra-cabeças" cuja solução a permitiria prosseguir. Posteriormente, EL utilizou os mesmos procedimentos utilizados pelos colegas, como a memória consciente, por meio da qual ela buscou referências para construir a melodia, já que havia terminado a segunda frase.

Posteriormente, a participante trabalhou com a correção do ritmo dessas frases utilizando as mesmas figuras. Verificamos em EL uma primeira manifestação do trabalho com comparações entre partes da estrutura da frase musical. O fato das duas melodias iniciais começarem com notas iguais levou a aluna a deduzir que elas também possuíam o ritmo igual; essa dedução incorreta foi desvinculada do conceito altura, mas poderia ser corrigida quando a participante fosse trabalhar com a terceira frase e verificasse que o ritmo é o mesmo, embora as notas fossem diferentes: figuras iguais em locais diferentes.

Dessa forma, verificamos a gênese do processo de construção de conceitos em EL quando a participante procurou relações estruturais que posteriormente constatou não existirem. Ao testar e reaplicar o procedimento em outras situações, EL constatou a aplicabilidade do procedimento e internalizou uma gama considerável de aplicações de determinados procedimentos que demostraram seu ingresso no nível do pensamento por conceitos.

Antes de alcançar esse nível, a aluna construiu a segunda frase como se fosse a primeira, demonstrando não ter internalizado o procedimento para aplicar correções. Porém, quando o professor perguntou se estava correto, ela reconheceu que não estava. EL ainda não havia analisado as partes da frase e não havia separado os conceitos altura e duração. Ela operou dentro do sentido melódico da frase, focando o movimento de sobe-e--desce trabalhado no solfejo.

Nessa etapa, a intervenção do professor foi importantíssima. Ao fazer o questionamento: *"onde é que está errado?"*, o professor levou a aluna ao processo de análise por meio do qual ela pôde identificar as partes nas quais havia os maiores equívocos. O professor promoveu a ação da aluna, pedindo que ela corrigisse as notas (ZPA). Ao apontar para a parte que estava mais diferente da melodia cantada anteriormente, respondendo ao professor, a aluna EL demonstrou ser capaz de avaliar sua construção, tendo como referência a memorização do solfejo e do desenho melódico da canção *Parabéns pra você*.

O professor pesquisador passou, então, a trabalhar em todos os níveis com EL, a fim de levá-la a uma maior consciência das possibilidades que possuía para desenvolver essa grafia. Dessa forma, o professor estabeleceu uma zona de movimento livre (ZML) por meio da qual EL pôde tomar decisões e ter suas ações promovidas pelas necessidades do momento (ZPA). Após compreender esse procedimento-chave, acreditamos que a aluna seria capaz de operar com a ajuda do outro social até internalizar os conceitos que fazem parte da atividade proposta.

Um dos maiores empecilhos para o sucesso nessa atividade pareceu ser o sentimento de não poder experimentar, clicar à vontade, manipular sem compromisso e fazer um reconhecimento de toda a estrutura do *software*. Além de se sentir um pouco intimidada, EL também apresentou dificuldade significativa em relação ao uso da informática. Após a explicação do professor, porém, EL corrigiu as notas finais da primeira frase. A partir desse momento, ela deixou de operar no nível mais simples, no qual a relação visual parecia ser sua principal referência, e passou a aplicar nas frases seguintes os mesmos procedimentos verificados nos outros estudantes.

EL terminou, por fim, a construção da melodia e o professor pediu que ela cantasse com o computador, já que, apesar de ter manifestado maior dificuldade, EL demonstrou ser afinada e apresentou uma boa voz. O professor valorizou essa habilidade ao mesmo tempo em que reafirmava, por meio dessa experiência, as relações existentes entre cada sílaba da canção cantada pela aluna e as respectivas notas escritas no *software* (ZDP). EL começou, assim, a assimilar algumas relações que têm por base a reunião de objetos num grupo segundo eventuais relações de fatos existentes entre eles, relações estas que ocorrem a partir de critérios de semelhança diversificados.

Desse modo, verificamos que o desenvolvimento musical de EL se deu no nível pessoal e vernacular equivalente à fase da imitação e expressão, identificada por Swanwick (2003, p. 93) como a fase em que o participante reconhece os procedimentos musicais comuns e pode identificar elementos estruturais, sem ainda trabalhar com aspectos do "jogo imaginativo", limitando-se apenas a identificar "lugares comuns na organização – métrica, sequência e repetições".

Posteriormente, EL continuou manipulando o *software* e verificou que, apesar de sua dificuldade inicial tê-la atrasado a atividade, ela foi capaz de inserir mais algumas notas na construção da grafia da canção. Com relação à construção de conceitos, podemos observar que EL, em seu processo de desenvolvimento, trabalhou com os objetos identificados como diferentes entre si e com estruturas complementares. Nesse nível se dá a reunião de objetos de forma sequencial, em que ocorrem as associações de um objeto a outro. A aluna não alcançou os conceitos genuínos porque não conseguiu reaplicar os procedimentos em outros contextos de forma consciente. Ela conseguiu estabelecer relações entre as estruturas, mas não demonstrou um domínio abstrato da utilização do conceito.

Conforme Vigotsky (1991), o conceito constitui-se em um processo vivo e complexo do pensamento, exercendo a função de comunicação de significados, e de compreensão ou resolução de problemas. A palavra coloca-se como signo mediador na formação dos conceitos e, mais tarde, converte-se em seu símbolo.

Embora houvesse essa constatação, é necessário afirmar que na continuidade das sessões, a aluna foi pouco a pouco construindo as relações até internalizá-las, como mostraremos na análise da entrevista na próxima seção. Cabe ressaltar que nessa sessão/aula, mediada pelo *software* de grafia, a aluna acessou uma zona de desenvolvimento proximal (ZDP) por meio da qual pôde avançar na construção dos conceitos nas aulas seguintes.

ANÁLISE MICROGENÉTICA: ENTREVISTA FINAL COM OS PARTICIPANTES JB, JP E EL

A análise da entrevista realizada simultaneamente com os três estudantes refere-se à última filmagem realizada com os participantes em contato com o computador e com o *software* de grafia musical. Não nos detemos nesse momento a todo o processo, pois nosso interesse concentrou-se nos recortes dessa sessão/aula em que os participantes responderam às perguntas do professor referentes aos conceitos altura e duração. O objetivo era constatar, por meio dessas respostas, a utilização de palavras relativas à formação dos conceitos esperados (altura e duração).

Vigotsky (1998) explica que os processos mentais envolvidos na formação de conceitos evoluem ao longo de duas linhas principais. A primeira refere-se à segunda fase ou à formação de complexos. Nessa linha de desenvolvimento, a pessoa reúne objetos sob um "nome de família" comum, por exemplo. A segunda linha evolutiva baseia-se na abstração ou isolamento de atributos comuns a um grupo determinado de objetos.

Vigotsky (1991) elegeu o significado das palavras como unidade mínima para o acompanhamento e a análise da gênese do pensamento conceitual, porque apesar do pensamento e da palavra não serem ligados por um elo primário, ao longo da evolução do pensamento e da fala, há um início de conexão entre ambos que depois se modifica e se desenvolve (VIGOTSKY, 1991, p. 103). No entendimento vigotskyano, o significado de uma palavra é algo que se encontra em permanente transformação, ou seja, é algo que evolui. Para ele, a memorização da palavra e sua associação simples com os objetos que ela representa não levam, por si só, à formação de conceitos (VIGOTSKY, apud JAPIASSU, 1999). Segundo Vigotsky, o exame do processo de formação de conceitos implica em entender à divergência entre os aspectos semânticos e fonéticos da fala.

Como mostraremos a seguir, por meio da entrevista realizada no final do experimento, os participantes utilizaram palavras com significados contextualizados à sua prática. Quando o participante domina uma palavra, ele pode, de certa forma, criar também um sistema de comunicação que expressa o significado do conceito; quando ele não utiliza palavras, mas responde corretamente ao professor com gestos, o participante demonstra estar na fase de pseudoconceitos, na qual é capaz de identificar, com o auxílio da pergunta do professor, os nomes referentes ao conceito solicitado.

Se o participante, entretanto, além de realizar associações, age de forma consciente com os objetos concretos e sabe expressar-se verbalmente, é possível afirmar que houve um desenvolvimento no processo de construção de conceitos. Nesse caso, os participantes demonstram serem capazes de, em outro contexto musical, responder tanto sobre as alturas das notas, relacionando-as à respectiva localização no pentagrama e à sua altura, quanto sobre as durações das notas, relacionando-as à duração do som e às figuras diferenciadas.

Os recortes dessa sessão/aula iniciaram-se no momento em que o professor/pesquisador começou a fazer perguntas depois de os estudantes já estarem com algumas frases escritas no pentagrama disponibilizado pelo *software*. Nesse momento, o professor instalou cada estudante em um computador diferente para que construíssem individualmente a grafia de uma música diferente para cada um.

No diálogo a seguir com o estudante JB, o professor questionou-o sobre como se escrevia a canção *Amigos para siempre* no que se diz respeito ao conceito altura:

Professor: *JB, dessas notas qual é a mais alta?*

JB: *Dó.*

Professor: *Onde é que está? Mostra com o dedo.* (O estudante JB aponta para a nota certa no monitor e o professor o questiona).

Professor: *E a mais baixa?*

JB: *Até agora tá sendo o fá* (apontando para a nota certa no monitor).

Verificamos, por meio desse diálogo, que JB internalizou o conceito de mais alto e mais baixo, a saber, altura e afinação. Além disso, em suas respostas, ele relacionou o uso dessas palavras à posição da nota no lugar correto, indicando por meio de palavras e gestos qual era a nota musical correta. O fato de JB ter grafado uma melodia diferente daquelas que ele já havia grafado no decorrer das sessões/aulas demonstrou sua capacidade de internalizar o conceito e de reaplicá-lo em situações diferenciadas.

No próximo diálogo, JB demonstrou ter internalizado o conceito relativo à duração:

Professor: *Qual a nota que dura mais tempo, dessas aí que você já escreveu?*

JB: (Apontando para as figuras certas, responde) *Hum... esta, esta, esta.*

Professor: *E qual que dura menos tempo? Tem várias, né?*

JB: *Lá.* (acerta ao apontar para esta nota).

Caso o estudante tivesse somente decorado os tempos das figuras, ele não seria capaz de reaplicar o conceito ou mesmo identificar o ritmo mais lento e o mais rápido. Além de demonstrar essa capacidade, o estudante foi capaz de indicar, no monitor, as figuras que se referiam àquelas mais lentas e àquelas mais rápidas. Para comprovar a habilidade de JB, o professor continuou a questioná-lo:

> **Professor:** *A nota de um tempo, é qual?*
> (JB responde, apontando para a figura certa – semínima).
>
> **Professor:** *E a branquinha, vale quanto dela?*
>
> **JB:** *Meio? Meio. Ôo! Desculpa, ela vale dois. E essa aqui vale meio* (apontando para as colcheias).
>
> **Professor:** *Isso! Obrigado, JB.*

O estudante não expressou verbalmente o nome da figura, mas gesticulou, indicando a figura, sabendo também nomear as características do símbolo para identificá-lo. O estudante JB, além de conseguir identificar, demonstrou compreender o significado das figuras e soube indicar, em trechos diferentes da canção, os mesmos elementos.

Esse mesmo processo pôde ser verificado com o estudante JP, que trabalhou com outra canção (*Amigos para siempre*), verificamos primeiro o conceito de altura e depois o de duração, como podemos ver na reprodução do diálogo referente à entrevista:

> **Professor:** *JP, dessas notas, qual é a nota mais alta? Dessas todas aí que você está vendo agora.*
>
> **JP:** *O quê?* (e aponta para a nota mais baixa).
>
> **Professor:** *A mais alta, a nota mais aguda, mais fina. Aponta com o dedo.*
>
> **JP:** *Essa aqui* (apontando para o fá, o participante acerta).
>
> **Professor:** *Qual é a nota mais baixa, dessas aí?*
> (O estudante aponta para a nota mi – a mais grave, e acerta novamente).

JP não sabia, no início a que se referia a fala do professor. Como Vigotsky (1991) aponta, a pessoa pode não ter consciência de que sabe o que sabe. Depois que o professor usou palavras sinônimas, o estudante compreendeu a informação à qual o professor se referia. Ele acertou e demonstrou compreender, porque respondeu sobre o conceito nos seus extremos, ou seja, indicou a nota mais alta e a nota mais baixa. No diálogo seguinte, o professor perguntou a JP sobre o conceito duração:

> **Professor:** *Qual que é a nota que dura mais tempo?*
>
> **JP:** (apontando para a mínima, o participante pergunta) *Essa aqui?* (e

indica a nota correta).

Professor: *Qual é a nota que dura um tempo?*

JP: *Essa aqui?* (aponta para a semínima e acerta).

Professor: *Qual é a nota que dura a metade dela?*
(JP apenas aponta para a figura colcheia no monitor e acerta).

Professor: *Isso! Obrigado, JP.*

Quanto à duração, o estudante JP demonstrou também saber indicar as figuras com seus respectivos tempos relativos, considerando que é a relação de valores de durações diferentes para figuras diferentes que constrói o ritmo da frase musical. O fato de cada estudante estar trabalhando com uma canção diferente, em computadores diferentes, foi um critério que maximizou a confiabilidade das respostas dos estudantes pesquisados. Eles não sofreram influência, tampouco receberam ou prestaram ajuda uns aos outros nessa etapa do experimento.

Em se tratando da aluna EL, pudemos perceber que ela apresentou um grau de dificuldade mais significativa no decorrer de todo o processo de aprendizagem. Ela era capaz de reconhecer e indicar as alturas, mas não havia internalizado completamente o conceito de ritmo, conforme evidenciado pelo diálogo a seguir.

Professor: *EL, dessas notas, qual é a nota mais aguda? Mais fina? Mais Alta? Quero que a EL responda primeiro.*

EL: *Essa aqui?* (ela aponta para a nota certa e é confirmada pela colega LA).

Professor: *Isso! Qual é a nota mais baixa, mais grossa?*
(Apontando para o fá, a aluna acerta).

EL não apresentou dificuldades com relação ao conceito altura, como é possível verificar em suas respostas. No entanto, demonstrou dificuldade em compreender as relações entre as durações e as figuras, isto é, relativas ao conceito de ritmo. Tal fato é verificável no diálogo a seguir, em que o professor questionou a aluna sobre o conceito duração.

Professor: *Qual é a nota que dura mais tempo?*
(EL aponta para a mínima e acerta).

> **Professor:** *Isso! E a que dura menos tempo?*
> (EL aponta para a semínima e erra).
>
> **Professor:** *Qual a nota que dura a metade dela?*
> (EL aponta para a colcheia e acerta).
>
> **Professor:** *Qual que vale menos tempo então? É essa ou a outra? Pois você afirmou que essa vale metade da outra. Qual que dura menos tempo? Aponta com o dedo lá.*
> (EL aponta para a colcheia e acerta).
>
> **Professor:** *Isso! Qual que dura um tempo?*
> (EL aponta para a semínima e acerta).
>
> **Professor:** *Isso! E qual que dura dois tempos?*
> (EL aponta para a mínima e acerta).

A dúvida inicial de EL em relação ao ritmo não se confirmou, pois depois que o professor auxiliou a aluna a compreender as relações entre os valores de duração das figuras, ela respondeu corretamente às perguntas seguintes. Depois de compreender a lógica do diálogo, EL respondeu corretamente às duas perguntas seguintes, demonstrando, assim, ter compreendido a relação entre as figuras e suas respectivas durações.

RESULTADOS

Neste estudo, foi possível verificarmos as características particulares dos dados coletados em sua relação com o universo teórico pesquisado e com a prática corrente no dia-a-dia escolar.

Primeiramente, a pesquisa de campo teve por suporte o trabalho do professor/pesquisador na escola escolhida, na qual já havia atuado como educador junto a turmas do ensino fundamental e médio por três anos consecutivos, desenvolvendo miniprojetos voltados para a confecção de instrumentos musicais para uso em sala de aula, além de oficinas de coral, canto em grupo e projetos ligados ao ensino de música, como apreciação musical, criação musical e projetos ligados às artes integradas.

O professor pesquisador também se capacitou para desenvolver projetos ligados à informática educativa por meio de cursos realizados no

ProInfo (no NTE de Goiânia). Esses cursos possibilitaram ao professor pesquisador um contato mais profundo com os aspectos didático-pedagógicos referentes ao uso da informática na educação e à criação de projetos para o trabalho em arte e música junto aos discentes da unidade escolar pesquisada.

Os projetos que focalizavam o uso da *Internet* para a pesquisa em música, o uso de música em arquivos MIDI para ouvir, ver e analisar partituras e as oficinas de leitura e escrita musical foram importantes para verificar, por exemplo, que os estudantes envolvidos em projetos pilotos, quando em contato com o *software* de escrita musical, experimentavam algumas possibilidades com as figuras musicais, mas logo perdiam o interesse pela atividade e pelo *software*, fechando o programa e optando por acessar outros programas ou mesmo preferindo navegar pela *Internet*. Esse comportamento dos estudantes foi um dos fatores mais relevantes observados durante a pesquisa de campo e permitiu ao professor refletir sobre as possibilidades de estimular o interesse dos aprendizes da escola pela estrutura musical.

Acreditando que ferramentas computacionais especificamente voltadas para o ensino musical ou para o trabalho com sons e músicas fossem tecnicamente funcionais para serem usadas nos laboratórios de informática das escolas, além de pedagogicamente eficazes, o professor pesquisador buscou, em seu âmbito de pesquisa, criar uma oficina na escola na qual pudesse avaliar os estudantes quanto ao seu grau de desenvolvimento musical e cognitivo quando submetidos aos *softwares* pedagógico-musicais disponibilizados pelo ProInfo no laboratório de informática da escola. Ao conduzir as sessões/aulas, o professor pesquisador objetivou desenvolver atividades relacionadas aos aspectos elementares do conhecimento musical, o que lhe possibilitou verificar que a atividade que mais se aproximava da construção de conceitos sonoros/musicais era a que continha aspectos de escrita ou grafia musical, na qual era possível colocar os estudantes em contato com as palavras que denominam conceitos, apresentando seu aspecto concreto (sensível/auditivo) e sua representação gráfica.

Nesse sentido, houve um esforço por parte do professor/pesquisador para que os trabalhos no laboratório de informática e o processo para a construção de conceitos musicais dos participantes não fossem influenciados por elementos externos que suplantassem ou se sobrepusessem ao grau de intervenção do *software* usado.

Acreditamos que o *software* MegaLogo utilizado no trabalho de pesquisa, caracterizado por ser de base construcionista, tenha se integrado à proposta pedagógica de forma eficaz, no sentido de propiciar aos estudantes o contato e o desenvolvimento de seu conhecimento musical. Verificamos, no entanto, que o trabalho realizado exclusivamente no laboratório de informática poderia tornar-se repetitivo para os estudantes, notadamente quando estivessem utilizando somente um tipo de programa ou quando as atividades fossem voltadas para um único objetivo.

Os estudantes/participantes pertencentes ao mesmo nível de desenvolvimento cognitivo filogenético (de 12 a 17 anos) apresentaram um desenvolvimento considerável, se levarmos em conta a reduzida quantidade de aulas que, no caso, correspondeu a dois bimestres escolares da disciplina Arte, com 36 horas de aula.

As contribuições de Vigotsky (1998) possibilitaram primeiramente ao professor pesquisador a compreensão de como os conceitos surgem e se desenvolvem nos participantes que não possuem conhecimentos previamente internalizados. Constatamos esse processo ao observarmos as relações estabelecidas entre os estudantes/participantes e o *software* na manipulação de elementos "concretos", como alturas e durações de som; e na internalização de símbolos e palavras que identificam os conceitos mais presentes no *software* usado, como altura e duração. Isso permitiu ao professor pesquisador identificar os momento nos quais os participantes, em uma escala ascendente, construíram relações de permanência, igualdade, similaridade, diferenciação, oposição e contraste entre os elementos de grafia e o conceito de altura (que passou a ser relacionado com a afinação) e o conceito de duração (que passou ser relacionado com o ritmo).

A comprovação do nascimento (ou da gênese) desses conceitos é feita quando as pessoas encontram relações entre as sensações auditivas, identificam as palavras que nominam notas e tempo de notas e visualizam as figuras e gráficos presentes na escrita musical.

O processo de desenvolvimento de conceitos musicais ficou evidente quando os estudantes passaram a reutilizar em contextos diferentes os mesmos elementos compreendidos em um contexto específico. Foi o caso da aluna EL, que passou a escrever melodias conhecidas e disponíveis em seu celular, utilizando as alturas; ou o caso de um participante que tentou grafar em seu caderno de música os trechos de canções de que ele já tinha conhecimento; ou ainda o caso dos estudantes/participantes que responderam sobre os conceitos em situações diferenciadas de escrita musical; e, principalmente, as situações nas quais os estudantes passaram a utilizar esses elementos de forma consciente em suas *performances* musicais.

Outra contribuição importante dada pelo socioconstrutivismo foi a ampliação da compreensão do professor pesquisador sobre as relações de mediação entre o aprendiz e o *software*, entre o aprendiz e seus colegas e entre o aprendiz e o professor pesquisador. Essa compreensão tornou-se possível a partir da aplicação dos conceitos vigotskyanos de ZML, ZPA e ZDP.

As contribuições de Swanwick (2003) foram relevantes para a análise dos contextos de ensino-aprendizagem, devido ao fato de esse autor desenvolver uma teoria da evolução do conhecimento musical. O progresso relativo às mudanças de nível de desenvolvimento musical nos participantes foi constatada quando eles apresentaram, dentre as características de comportamento e conhecimento musical descritas por Swanwick, aquelas que identificam o nível musical do participante.

Desse modo, as descrições de Swanwick contribuíram para esclarecer ao professor pesquisador como se realizou o desenvolvimento da relação estabelecida entre os estudantes participantes e a música. Quando os participantes inicialmente manipularam os elementos musicais ou gráficos no *software* MegaLogo, eles operaram na fase chamada de inicial. Em etapas posteriores, novos comportamentos musicais foram surgindo e novas relações passaram então a ser compreendidas pelos participantes. Identificamos, assim, nas relações estabelecidas com o *software*, a ascensão dos estudantes participantes para níveis de controle de conceitos e de conhecimentos musicais cada vez mais conscientes.

Verificamos que o *software* de grafia, no contexto inicial de musicalização, possibilitou aos estudantes trabalharem os níveis primários das etapas do desenvolvimento musical e terem um contato inicial com os elementos objetivos (conceitos). Os aspectos subjetivos não estiveram presentes de forma concreta no trabalho com o *software*, mas apareceram na *performance* musical dos estudantes. Verificamos, também, que houve um desenvolvimento musical subjetivo por parte desses estudantes.

Acreditamos, dessa forma, que na busca por uma educação musical que vise ao desenvolvimento de aspectos objetivos e subjetivos, seja necessário disponibilizar aos educandos materiais condizentes com o nível de construção conceitual aos quais eles serão submetidos. Também é preciso reconhecer e valorizar a presença do outro social, porque a linguagem musical, ao trabalhar o universo subjetivo do participante, encontra nas relações sociais um caminho importante para o desenvolvimento socioemocional do aprendiz. Por fim, não se pode subestimar a importância da aprendizagem dos conceitos racionais, já que acreditamos que esses dois caminhos devem ser trilhados juntos.

É nesse sentido que Swanwick (2003) afirma que a *performance* ou interpretação musical do aprendiz deve ser levada em consideração. Ela funciona como uma espécie de comprovação de resultados do bom ensino musical, atestando o aspecto qualitativo do caminho objetivo musical conduzido na relação do estudante com os recursos tecnológicos, podendo expressar a integração dos dois universos, o racional e o emocional.

Isso nos coloca diante da necessidade de relatar como os estudantes/participantes, de modo natural e espontâneo, apresentaram a necessidade de cantar e de tocar instrumentos que já conheciam. Acreditamos que essas manifestações sejam o resultado da boa relação que os estudantes participantes estabeleceram com a música, relação essa propiciada pelas atividades oferecidas na oficina. Os estudantes foram despertados, de forma geral, não só para conhecerem e manipularem a estrutura musical, mas também para estabelecerem uma relação direta com a música, o que é algo muito almejado pelos educadores musicais modernos.

Nesse sentido, há registros de gravações realizadas na fase final da oficina em que são apresentadas *performances* musicais dos estudantes cantando e tocando, individualmente e em grupo. Essa relação direta com a música, apesar de não ter sido identificada no trabalho desenvolvido no momento da escrita e das atividades direcionadas pelo professor, manifestou-se posteriormente quando os estudantes se sentiram menos pressionados pelos objetivos estipulados pela oficina. O estudante JB cantou e tocou teclado, o estudante JP cantou em grupo a canção *Festa no Apê* e a aluna EL cantou a canção *Fascinação*.

Segundo Swanwick (2003), quando o aprendiz alcança o nível de "expressão vernácula", ele tende a manipular de forma consciente os materiais musicais com a finalidade de se expressar. No nível seguinte, ele apresenta aspectos estilísticos da linguagem musical de sua cultura com o objetivo de elaborar inflexões expressivas, alcançando o nível do jogo imaginativo que, no caso, é correspondente ao nível mais elevado de abstração no qual os sons passam a representar emoções, sentimentos, ideias e muitos outros possíveis significados. Vigotsky (1998) mostrava indícios desse nível de abstração no jogo imaginativo infantil, sobre o qual afirma ser um importante processo no desenvolvimento intelectual da criança.

Constatamos, ainda, a relevância da arte musical em sua amplitude objetiva e subjetiva para o desenvolvimento dos aspectos cognitivos e estético-culturais dos estudantes participantes. Nesse caso, o papel da educação musical na escola de ensino básico é o de proporcionar experiências concretas com a música e com seus elementos estruturais e estéticos devidamente contextualizados.

Dentro desta perspectiva, podemos afirmar que os estudantes/participantes demonstraram, no nível microgenético, ter entrado no processo de construção de conceitos e de caminhada dentro das primeiras etapas de desenvolvimento musical. Essa afirmação pode gerar discussões, já que a epistemologia genética tradicional não concebe, como Vigotsky, os aspectos prospectivos do conhecimento. Em outras palavras, estamos afirmando que neste microespaço de tempo trabalhado (três meses), os estudantes manifestaram, de forma prospectiva, ter entrado em contato com alguns dos níveis da espiral de desenvolvimento musical e de construção de conceitos. Isto pôde ser verificado por meio dos dados complementares, da análise microgenética, da entrevista final e da análise da *performance* dos participantes pesquisados.

Essas constatações reforçam as afirmações de Vigotsky sobre a importância de considerarmos não somente o que o estudante é capaz de fazer no momento presente, mas também o que será capaz de fazer num futuro próximo. Tais afirmações impactam o currículo do ensino musical na escola de ensino básico, que amplia seu escopo para poder contemplar todos os aspectos da experiência musical, ou seja, os materiais, a expressão, a forma, e o valor (SWANWICK, 1991). Com isso, toda experiência musical pode conter os quatro elementos que fazem a experiência estética ter sentido.

As limitações do *software* MegaLogo quanto ao aspecto da complexidade da estrutura musical não impediram que os estudantes internalizassem conceitos essenciais e que esse processo fosse regido pela satisfação da descoberta.

Outro elemento por nós verificado e que pode ser alvo de discussões é o fato do trabalho com o *software* propiciar o contato com a música em seus aspectos teóricos e práticos ao mesmo tempo. No caso dos estudantes/participantes, não foi possível realizar um trabalho de musicalização antes de apresentarmos o *software* MegaLogo a eles. O que parecia ser uma falta acabou contribuindo, de certa forma, para compreendermos que o estudante que já possuía determinada experiência musical avançava na escrita com mais rapidez e internalizava os conceitos de forma mais intensa, embora aquele que possuía pouca ou nenhuma experiência também internalizava, a seu modo e a seu tempo, os conceitos possíveis de serem vivenciados pelo *software* usado, como foi o caso da internalização dos conceitos de altura e duração.

Constatamos que a ferramenta pedagógica MegaLogo pode ser incluída no processo de ensino musical no momento em que os aprendizes tiverem um repertório mínimo de solfejos ou frases musicais como, por exemplo, pequenas melodias já internalizadas. Acreditamos, ainda, que os estudantes não precisam esperar passar por um grande número de vivências musicais para só então terem contato com esse tipo de tecnologia.

Como pudemos verificar por meio da análise da primeira sessão/aula, os estudantes participantes paulatinamente construíram, mediados pelo *software* MegaLogo, a melodia que haviam vivenciado trinta minutos antes. Acreditamos ser notável a possibilidade de o participante não apenas ter seu aprendizado reforçado por meio da manipulação do *software*, como de construir seu conhecimento musical no trabalho com o *software*. Acreditamos ser essa a grande contribuição que o desenvolvimento da pesquisa no campo da informática educativa pode trazer, ao disponibilizar programas que oferecem caminhos para que o estudante construa seu conhecimento musical, aprendendo pela experiência.

Muitas pesquisas têm sido desenvolvidas no âmbito da criação e desenvolvimento de *softwares* educativos musicais, resultando em *softwares* que servem de reforço ou que abordam partes estanques e descontextualizadas do conhecimento musical. Outros *softwares* canalizam a atenção do estudante para o trabalho apenas prático ou apenas teórico, ou se limitam a apresentar uma tela cheia de cores e personagens lúdicos. Todas essas possibilidades serão significativas somente se o aprendiz puder construir conceitos possíveis de serem reaplicados em universos sociais e culturais do seu dia-a-dia.

Os elementos essenciais do som e da música, presentes no *software* MegaLogo, devem ser ressaltados, pois o desenvolvimento da consciência dos estudantes sobre os conceitos musicais apresentados pelo *software*, e as possibilidades de combinações oferecidas trouxeram para o ensino musical a abertura para a compreensão de quaisquer tipos de músicas ou manifestações estético-sonoras. Conhecer e saber analisar alturas, durações, intensidades e timbres possibilita aos educandos compreenderem a estrutura musical de culturas, regiões ou épocas diferentes, gêneros e estilos diversificados e, especialmente, possibilita a eles o contato com a cultura musical tradicional e também com os gêneros musicais mais atuais, como as músicas eletrônica e eletroacústica, por exemplo. Compreender conceitos como altura, ritmo, dinâmica e instrumentação, propiciou aos estudantes terem contato com os elementos essenciais do som e as relações entre eles. A construção dessa relação deve ser reforçada no processo educativo musical por meio de atividades de análise, apreciação, criação musical e vivências musicais dos mais variados tipos, como aconselha Swanwick (2003).

Em se tratando da natureza e finalidade dessa pesquisa empírica, não se constituiu objetivo da pesquisa realizar uma estatística sobre a quantidade de estudantes que aprenderam ou se desenvolveram musicalmente auxiliados pelos recursos computacionais. O objetivo dessa pesquisa empírica foi o de verificar a gênese da construção do conhecimento em música por meio da mediação pedagógica dos estudantes com o *software* musical. Acreditamos que esse estudo seja relevante em razão de revelar meticulosamente as características do desenvolvimento musical de cada estudante por meio da análise microgenética.

As características verificáveis da gênese da construção de conceitos musicais são generalizáveis a situações afins, nas quais o uso de recursos multimidiáticos, como computadores e *softwares* mostram a relação e explicitam a estrutura musical, não necessariamente por meio da grafia tradicional, mas pela disponibilização de recursos para a manipulação, pelos aprendizes, de variáveis sonoro/musicais.

O objetivo central da pesquisa realizada foi o de verificar como os participantes construíram seus conceitos musicais, como se deu a gênese e como foi o processo de construção, que ações e que estímulos internos e externos levaram-nos à internalização destes artefatos culturais, mediados pela informática educativa.

Atestamos a relevância da aprendizagem da escrita musical tradicional como mapa cognitivo do desenvolvimento das estruturas elementares do som e da construção melódica. Os elementos essenciais do som – altura, duração, intensidade e timbre, correspondentes, na música, aos seus elementos essenciais – afinação, ritmo, dinâmica e instrumentação, estão presentes em quaisquer estruturas sonoras, de quaisquer épocas, tanto na música erudita, quanto na música popular, aí incluída a música computacional.

O uso da informática se mostrou como um facilitador da compreensão dessa estrutura, pois os estudantes pesquisados, ao entrarem em contato com a ferramenta computacional (o *software*), demonstraram internalizar, passo a passo, os conceitos musicais necessários para resolverem um problema (no caso, escrever a melodia completa da canção *Parabéns pra você*). Os participantes perceberam que, para se criar uma melodia, é preciso se ter um instrumento musical, ou fazer uso da voz para cantá-la (timbre); eles aprenderam que as notas presentes na melodia possuem alturas definidas com suas respectivas afinações (altura), que cada nota tem uma duração específica e estabelece uma relação de duração com as demais notas (ritmo) e que determinadas passagens da música possuem inflexões com dinâmicas na intensidade do som (dinâmica e agógica).

A consciência desses conceitos e dessa estrutura complexa em níveis cada vez mais elevados revelou um desenvolvimento musical, constatado por meio das referências em Swanwick (2003). Outra característica altamente relevante foi a verificação de que o desenvolvimento musical está atrelado ao saber fazer música e ao saber sobre música, sendo que esse desenvolvimento passa necessariamente pela construção de conceitos.

Nesse sentido, os referencias em Vigotsky (1991, 1998) foram necessários para mostrar e ressaltar as evidências do desenvolvimento dos aspectos estruturais no sistema cognitivo dos estudantes pesquisados. Embora os participantes apresentassem pouco ou nenhum nível de conhecimento musical, eles obtiveram sucesso na construção mútua da grafia, realizada juntamente com os colegas, com o professor, com a mediação pedagógica do *software* utilizado e com a melodia da canção; eles fizeram uso das ferramentas apropriadas para a escrita musical tradicional, como as figuras de som e de pausas e o pentagrama.

Tudo isso demonstrou que mesmo um limitado *software* musical pode ser utilizado no contexto do ensino musical escolar como uma estratégia metodológica capaz de enriquecer o processo de ensino e aprendizagem musical, fazendo referência, especificamente, aos aspectos essenciais da linguagem musical cuja presença na escola é defendida pelo PCN-Arte. Como a tecnologia oferece possibilidades mais diretas e estimulantes, acreditamos que o professor de música não deve se limitar aos procedimentos pedagógicos do passado, devendo buscar a interação do antigo (já consolidado) com o novo (em desenvolvimento).

Acreditamos que a proposta teórico-metodológica que utilizamos nesta pesquisa tenha nos possibilitado observar e constatar o desenvolvimento musical dos estudantes participantes num processo de aprendizagem musical mediado por *softwares* pedagógico-musicais.

Constatamos a importância e a viabilidade do uso da informática na educação musical dentro do contexto de uma escola pública de ensino básico, tanto com relação aos aspectos técnicos quanto aos cognitivos e aos didático-pedagógicos, tendo por base as temáticas da contextualização cultural/tecnológica, da integração interdisciplinar e do desenvolvimento de competências estimuladas por uma metodologia de aprendizagem por descobertas que favorece o desenvolvimento dos conceitos musicais.

Esta pesquisa reforçou nosso entendimento de que Tecnologia, Arte e Pedagogia são áreas de conhecimento interdependentes. Consequentemente, acreditamos na necessidade da busca pela essência dessas áreas, para encontrarmos os pontos de contato entre elas, buscando as sínteses positivas de sua integração.

O primeiro questionamento que fizemos partiu da realidade do ensino musical no contexto escolar e da busca por soluções para o seu grande problema: como retomar e manter a presença do ensino da música na escola pública de educação básica? Os investimentos governamentais são ínfimos, os recursos presentes são limitados e as expectativas daqueles que constituem a escola (professores, estudantes e funcionários administrativos) não são as melhores.

Por outro lado, as pesquisas realizadas no meio acadêmico indicam a grande relevância da educação musical para o desenvolvimento do ser humano e das sociedades; indicam a relevância da música como ferramenta e conteúdo que pode contribuir para equilibrar várias diferenças nas relações sociais da atualidade.

Nessa perspectiva, não é por acaso que a educação musical consta como linguagem específica a ser trabalhada na escola de ensino básico, como preconizam os PCNs. Diante de tal grau de problematização, acreditamos que várias respostas e ações podem surgir. A possibilidade de uso dos recursos presentes na escola, como um instrumento fabricado pelo próprio estudante, o uso de instrumentos de baixo custo financeiro, o uso da voz, dos sons dos materiais da sala de aula, como as paredes, as carteiras, os quadros e os cadernos pode romper o comodismo que se apossou de parte dos educadores musicais. É necessário que todo educador musical busque condições e crie situações que propiciem o ensino e a aprendizagem nas aulas de música.

Neste estudo, fizemos uso de recursos tecnológicos visando a propiciar essas condições e situações de ensino-aprendizagem. Provavelmente, os laboratórios de informática são um dos poucos espaços com recursos apropriados que o professor de música pode encontrar na escola pública brasileira de ensino básico na atualidade.

O educador musical consciente de que a música, popular ou erudita, toma novos rumos a cada novo progresso tecnológico, deve buscar caminhos comuns entre os aspectos do desenvolvimento tecnológico-musical e as necessidades de conhecimento e experiência dos aprendizes do ensino formal. É importante buscar na formação continuada os conhecimentos concernente aos *softwares* usados na criação musical desenvolvidos no âmbito da informática educativa e aos *softwares* desenvolvidos para o trabalho específico no ensino musical.

O uso dessa gama de possibilidades dependerá das necessidades locais e dos contextos de ensino, do currículo educativo musical, dos planos estratégicos elaborados e da forma como os estudantes serão apresentados às tecnologias. Necessariamente, ao utilizar *softwares* musicais, o professor deverá motivar a turma para tal atividade. Turmas heterogêneas quanto ao conhecimento em informática podem ser uma oportunidade para o professor trabalhar o ensino da música e da informática de forma integrada, posteriormente focando em sua área específica.

Na medida em que os profissionais educadores também encontram dificuldades ao manipularem as ferramentas computacionais, essa atividade torna-se um desafio a ser transposto. Desenvolver conteúdos e competências musicais por meio dos recursos da informática na escola básica exigirá do professor conhecimento e domínio dessas duas áreas. Mas trará também um ganho enorme e enriquecerá o currículo, a experiência docente e o aprendizado dos estudantes.

Os laboratórios instalados nas escolas possuem muitos dos recursos necessários para a utilização do computador nas aulas de música. Entre esses recursos destacam-se memória suficiente, processadores atualizados, monitores de boa resolução, caixas de som amplificadas, microfones, fones de ouvido e alguns *softwares* possíveis de serem aproveitados.

Em virtude das limitações dos *softwares* disponibilizados atualmente pelo ProInfo/MEC, a unidade escolar ou o professor poderá adquirir novos *softwares* ou mesmo conseguir cópias de modelos *freeware*, *shareware* ou *softwares* livres, como optamos em nosso estudo. A *Internet* apresenta-se como um poderoso auxiliar para o professor de música, pois muitos materiais, como músicas prontas, arranjos dos mais variados tipos e ferramentas pedagógicas podem ser encontrados na rede.

Com relação aos recursos humanos, o professor de música deve manter-se atualizado com relação ao desenvolvimento tecnológico. No entanto, não é necessário que esse professor tenha conhecimento profundo sobre aspectos técnicos específicos da eletrônica ou da informática. Além de um conhecimento e domínio básico, é necessário que ele tenha afinidade com a área musical e seja aberto às novidades do desenvolvimento tecnológico e pedagógico.

Apesar da grande quantidade de informação e de ferramentas disponíveis na *Internet* e nas revistas especializadas (muitas acompanhadas por CD-ROM), é necessário que o professor verifique antecipadamente as possibilidades de utilizar no laboratório os recursos informáticos desejados em determinados momentos de seu plano de curso.

O professor necessita, primeiramente, conhecer o *software*, suas limitações técnicas e musicais e suas possibilidades quanto aos parâmetros pedagógicos musicais. O *software* musical não deve exigir do estudante operações lógicas muito além daquelas às quais ele já esteja acostumado e deve conter elementos lúdicos e premiações intrínsecas às ações musicais contextuais propostas pelo professor para seus estudantes.

Atualmente, muitos *softwares* são recursos criados especificamente para se trabalhar determinados conteúdos ou competências musicais como, por exemplo, elementos de teoria musical ou o treinamento com intervalos (para desenvolver a percepção). É necessário, porém, que o professor utilize programas capazes de serem manipulados em ambientes complexos nos quais os estudantes possam tomar decisões quanto aos parâmetros de som. Esses ambientes de criação musical podem ou não oferecer a grafia tradicional, desde que oportunizem aos estudantes, por meio da experiência prática, a internalização dos conceitos musicais elementares e o contato com as estruturas musicais.

Outra possibilidade é a utilização de vários *softwares* complementares que proporcionem ao aprendiz ter contato com várias formas de manipulação dos sons. O domínio de vários *softwares* exigirá, porém, maior tempo de dedicação por parte do professor e de seus aprendizes.

Por meio da pesquisa empírica, pudemos comprovar que, em uma atividade musical planejada e contextualizada, a manipulação do *software* aumentou o interesse dos estudantes pela aprendizagem musical. As atividades realizadas no contexto da pesquisa possibilitaram aos estudantes, no trabalho com o *software*, iniciar seu processo de construção de conceitos musicais de altura e duração.

Constatamos que os estudantes, neste contexto, aprenderam música na prática, por meio da experimentação. Eles realmente construíram seu próprio conhecimento por meio das experimentações musicais mediadas pelo *software* e reaplicaram esses conhecimentos em outras situações musicais quando, por exemplo, trabalharam a grafia de outras canções, escreveram música no celular, ou reaplicaram os conceitos em suas *performances* musicais.

Ficou evidente que os *softwares* que trabalham aspectos cognitivos e solicitam dos aprendizes que tomem decisões para solucionar problemas são extremamente eficazes para a construção do conhecimento musical, por oferecerem recursos que servem de referenciais para iniciar e dar prosseguimento à atividade.

Essas exigências devem ser apoiadas por uma gama de opções e de recursos externos aos *softwares*, que possibilitem aos aprendizes/usuários desenvolverem-se na resolução de problemas. No âmbito da pesquisa, com o mínimo de recursos, constatamos que no trabalho com o *software* MegaLogo na interface TOCA, os estudantes construíram seu conhecimento musical. Eles encontraram elementos suficientes para o desenvolvimento da atividade e a resolução dos problemas propostos. Nesse caso, o único recurso externo usado pelo professor foi o solfejo vivenciado em grupo, pois a intenção foi de verificar se os estudantes avançariam na atividade tendo somente esse recurso musical extrainformático.

Os recursos internos do laboratório de informática, somados aos colegas, ao professor e ao instrumento musical (o teclado) foram também referenciais a que os estudantes recorreram diante da necessidade da solução do problema musical. Isto demonstrou a possibilidade do uso das tecnologias para a problematização de atividades. Na resolução das tarefas, os estudantes mantiveram-se interessados e operaram em um nível mais abstrato de experimentação, à medida que vivenciavam novos conceitos, novos signos e novas possibilidades.

Nesse sentido, as características do jogo imaginativo ou do "brinquedo", indicados por Vigotsky (1991, 1998) como elemento da operação cognitiva abstrata, estiveram presentes na recontextualização dos conceitos internalizados e nas *performances* musicais. Assim, os estudantes tiveram um contato significativo com os aspectos objetivos e subjetivos da aprendizagem musical.

Os resultados da análise microgenética revelaram aspectos da gênese do conhecimento em música e ressaltaram o processo por meio da internalização de conceitos externos, intercognitivos, em conceitos intracognitivos. O processo de desenvolvimento musical mostrou-se adequado para indicar que, no nível microgenético da construção de conceitos musicais, os estudantes apresentaram aspectos semelhantes aos descritos por Swanwick (2003).

Mesmo diante das limitações do *software* utilizado, foi possível confirmar os resultados positivos da experiência dos estudantes ao utilizarem o *software*. Observamos nos estudantes reações de prazer diante da descoberta, proporcionado pela realização da atividade, prazer esse suficiente para manter a atenção dos estudantes concentrada na resolução do problema. Por meio das relações travadas com os colegas, com o professor e com o *software*, cada estudante foi construindo sua relação com a música e, consequentemente, construiu seu conhecimento musical.

As *performances* dos estudantes analisados também confirmaram que a atividade desenvolvida estava plena de significado musical. Os aspectos objetivo e subjetivo no processo de desenvolvimento musical estavam presentes tanto na atividade com o *software* quanto na reaplicação dos conceitos. A musicalidade foi um fato presente na *performance* desses estudantes, porque para eles o fazer musical foi significativo.

Acreditamos que os resultados do experimento são reaplicáveis a situações afins, tomadas as devidas precauções com relação às especificidades do contexto trabalhado. Nesse sentido, o uso de tecnologias computacionais na aula de música pode ser uma possibilidade da qual o professor pode fazer uso. Tudo dependerá do preparo e também da ousadia do educador em acreditar na possibilidade dos estudantes estabelecerem uma relação com os elementos musicais de forma contextualizada e significativa.

Se o educador souber utilizar as ferramentas multimidiáticas na aula de música, ele poderá se deparar com um maior interesse por parte dos aprendizes. No contexto de ensino-aprendizagem por nós desenvolvido, os estudantes demonstram maior nível de atenção, mantiveram-se concentrados por mais tempo, e criaram vínculos cognitivos de forma mais rápida, o que possibilitou ao professor conduzi-los nas atividades em que a experiência os levaria à aprendizagem musical.

Constatamos nesse contexto de experiências musicais a possibilidade de desenvolvimento de um aprendizado musical significativo. Nossas observações evidenciaram que o desenvolvimento dos conceitos musicais nos estudantes foi propiciado pela mediação do *software* musical e ocorreu em níveis dinâmicos de internalização.

Confirmada a hipótese de que o estudante da escola de ensino básico pode desenvolver seu conhecimento musical diante das ferramentas computacionais multimidiáticas, esperamos contribuir para que as características técnicas e as relações pedagógicas trabalhadas nesse contexto, assim como os aspectos do desenvolvimento cognitivo, sejam alvo de reflexão para a comunidade de educadores musicais e programadores interessados no desenvolvimento de *softwares* educativos musicais.

Acreditamos que a continuidade no desenvolvimento de pesquisas nessa área possa oferecer subsídios para integrar programas e políticas de formação continuada de professores, contribuindo para capacitar e atualizar os educadores quanto aos conhecimentos e ao uso do computador, dos recursos multimidiáticos e de *softwares* no processo de ensino-aprendizagem musical. A relevância da contínua busca por novos espaços, metodologias diferenciadas, e ações ligadas a perspectivas tecnológicas contemporâneas, leva-nos a acreditar que o desenvolvimento de processos alternativos para o ensino musical deve emergir da realidade que o professor dessa linguagem específica encontra, contribuindo para o retorno gradual do ensino da música como disciplina autônoma para o contexto escolar.

ALLESSANDRINI, Cristina Dias. **Análise microgenética da oficina criativa:** projeto de modelagem em argila. São Paulo: Casa do Psicólogo, 2004.

ALMEIDA, Anselmo Guerra de. **Ambientes interativos de composição musical assistida por computador**. Tese de Doutorado, PUC, São Paulo, 1997.

ALMEIDA, Maria Elisabeth de. **Informática e Educação:** diretrizes para uma formação reflexiva de professores. Dissertação de Mestrado, Faculdade de Educação, PUC, São Paulo, 1996.

______. **ProInfo:** informática e formação de professores. Secretaria de Educação a Distância. Brasília: Ministério da Educação, 2000.

ALVES, Luciano. **Fazendo música no computador**. Rio de Janeiro: Campus, 2002.

ALVES, Adriana. **Agentes cognitivos como guias de mundos lúdicos virtuais**. Dissertação de Mestrado em engenharia de produção, UFSC, Florianópolis, 1999.

ARALDI, Juciane. Alquimistas, músicos, autodidatas: um estudo com quatro DJs. **Revista da ABEM**, Porto Alegre, v. 11, 85–90, set. 2004.

ASSEF, Cláudia. **Todo DJ já sambou:** história do DJ no Brasil. São Paulo: Conrad, 2003.

BAQUERO, Ricardo. **Vygotsky e a aprendizagem escolar**. Porto Alegre: Artes Médicas, 1998.

BARBOSA, Maria Núbia. **O discurso pedagógico da educação tecnológica**. Dissertação de Mestrado, Programa de pós-graduação em tecnologia, Centro Federal de Educação Tecnológica do Paraná: Curitiba, 2001.

BASTIAN, Hans Günther. A pesquisa empírica na educação musical à luz do pragmatismo. **Em Pauta** – revista de Pós-Graduação em música da UFRGS, Porto Alegre, v. 11, n. 16/17, 2000.

BEYER, Esther. A construção de conceitos musicais no indivíduo: perspectivas para a educação musical. **Em Pauta,** Porto Alegre, v. 9/10, dez.1994/ abril, 1995.

______. **Abordagem cognitiva em música**: uma crítica ao ensino de música, a partir a teoria de Piaget. Dissertação de mestrado em psicologia educacional, Faculdade de Educação da UFRGS, Porto Alegre, 1998.

BOCK, Ana Mercês Bahia; GONÇALVES, Maria da Graça Marchina; FURTADO, Odair (orgs.). **Psicologia sócio-histórica:** uma perspectiva crítica em psicologia. São Paulo: Cortez, 2001.

BORGES, Maria Helena Jayme. **O ensino do piano e o desenvolvimento da autonomia:** uma experiência inovadora. Tese de Doutorado, UNESP – Faculdade de Ciências e Letras, Araraquara, 2001.

BOTTAZZINI, Marines Lara. **A Contribuição dos softwares educacionais no processo de alfabetização**. Dissertação de Mestrado em Engenharia de Produção, UFSC, Florianópolis, 2001.

BRANCO, Angela; ROCHA, Rivane Ferraz da. A questão da metodologia na investigação científica do desenvolvimento humano. **Psicologia: Teoria e Pesquisa**, n. 14, n. 3, p. 251–258, 1998.

BRASIL. **Lei de Diretrizes e Bases da Educação Nacional**, 5.692 de 11 de agosto 1971. Brasília, MEC, 1971. Disponível em: <http://www.senado.gov.br/sf/legislacao/BasesHist>. Acesso em: 10 abr. 2013.

______. **Lei de Diretrizes e Bases da Educação Nacional**, 9.394 de dezembro de 1996. Brasília, MEC, 1996.

______. Ministério da Educação e do Desporto. **Parâmetros Curriculares Nacionais:** Arte II: ensino de quinta a oitava série. Brasília: MEC/SEF. 1997a.

______. Ministério da Educação e do Desporto. **Parâmetros Curriculares Nacionais:** Introdução: ensino de quinta a oitava série. Brasília: MEC/SEF. 1997b.

______. Ministério da Educação e do Desporto. **Parâmetros Curriculares Nacionais:** Arte. Ensino Médio. Parte I – Bases Legais / Ensino Médio. Parte II – Linguagens, Códigos e suas Tecnologias/ Secretaria de Educação Fundamental. Brasília: MEC/SEF. 1997c.

BRAGA, Luiz Otávio Rendeiro Corrêa. **LADAM** (Laboratório Digital para Aprendizagem Musical): uma estação de trabalho informatizada para ensino de música. Dissertação de Mestrado em Ciências da Engenharia de Sistemas e Computação, UFRJ, Rio de Janeiro, 1995.

BRITO, Teca Alencar de. **Koellreutter educador:** o humano como objetivo da educação musical. São Paulo: Petrópolis, 2001.

CAESAR, Rodolfo. A aplicação das novas tecnologias no ensino de música. In: ENCONTRO ANUAL DA ABEM, 8., 1999, Curitiba. **Anais...** Curitiba: ABEM, 2000. p. 52–55.

CALDWELL, J. T. **Express Singing**: Dalcroze Eurhythmics for Voice. New Jersey: Editora Prentice Hall, 2000.

CAMPOS, Denise Álvares. **Oficina de música:** uma caracterização de sua metodologia. Goiânia, Cegraf/UFG, Dissertação de mestrado – Faculdade de Educação da UnB, Distrito Federal, 1988.

CAMPOS, Nilcéia. **Sons em meio a gestos e tintas:** educação artística instituída a partir da Lei nº 5.692/71. Dissertação de Mestrado. UFMGS, Campo Grande, 2003.

CASTELLS, Manuel. **A Galáxia da Internet:** reflexões sobre a internet, os negócios e a sociedade. Trad. Maria Luiza X. de A, Borges. Editor JZE: Rio de Janeiro, 2003.

COLE, Michael. **Cultural Psychology:** a once and future discipline. Cambridge, Massachusetts and London, England: The Belknap Press of Harvard University Press, 1998.

CUNHA, Glória; MARTINS, Maria C. Tecnologia, Produção & Educação Musical: Descompassos e Desafinos. CONGRESSO RIBIE, 4., 1998, Brasília. **Anais...** São Paulo: Unicamp, 1998.

DEL BEN, Luciana. A utilização do modelo espiral de desenvolvimento Musical como critério de avaliação da apreciação musical em um contexto educacional brasileiro. **Em Pauta**, Porto Alegre. v. 1, n.12/13. p. 35–54, 1997.

______. A delimitação da educação musical como área de conhecimento: contribuições de uma investigação junto a três professoras de música do ensino fundamental. **Em Pauta**. Porto Alegre, v. 12, n. 18/19, p. 65–93, 2001.

DOLABELA, Fernando. **Pedagogia empreendedora**. Brasil: Cultura, 2003.

FARIA, Celso de Oliveira. **O computador e a co-construção de conceitos matemáticos por estudantes do ensino fundamental em uma situação planejada:** uma análise microgenética dos processos de mediação. Dissertação de Mestrado em educação, UFG, Goiânia, 2001.

FERNANDES, José Nunes. Normalização, estrutura e organização do ensino da música nas escolas de educação básica do Brasil: LDBEN/96, PCN e currículos oficiais em questão. **Revista da ABEM**, Porto Alegre, n. 10, março de 2004.

FERRARI, Alexandre Coutinho. **Proteção jurídica de software**. São Paulo: Novatec, 2003.

FERRARI, Márcio (ed.). **Revista Nova Escola:** edição especial – grandes pensadores. São Paulo: Abril, 2003.

FIGUEIREDO, Eliane Leão. **Evolução do pensamento criador em situação musical**. Tese de Doutorado, FE/Unicamp, Campinas, 1996.

FONSECA, João Gabriel M. Porque Educação Musical. **Cadernos de estudo – educação musical n. 1**, São Paulo: Atravez, 1990.

FONTERRADA, Marisa Trench de Oliveira. A Linguagem Verbal e Linguagem Musical. **Cadernos de Estudo – educação musical n. 4/5**, São Paulo: Atravez, 1994.

______. Reflexões a respeito do ensino de música em escolas que não são de música. In: ENCONTRO DE PESQUISA EM MÚSICA DA UNIVERSIDADE ESTADUAL DE MARINGÁ, 2., 2004, Maringá. **Anais...** Maringá: Massoni, 2004. p. 34–40.

______. **De tramas e fios:** um ensaio sobre música e educação. São Paulo: Editora UNESP, 2005.

FLORES, Luciano Vargas. STI – **Sistema para treinamento de intervalos para plataforma windows 95/98**. Projeto de Diplomação em Bacharelado em Ciência da Computação – INF/UFRGS, Porto Alegre, 2000.

______. **Conceitos e tecnologias para educação musical baseada na web**. Dissertação de Mestrado em Ciência da Computação. PPGC/UFRGS, Porto Alegre, 2002.

FRANCO, Jorge Ferreira; LOPES, Roseli de Deus. Novas tecnologias em ambientes de aprendizagem: estimulando o aprender a aprender, transformando o currículo e ações. **Novas Tecnologias na Educação**, v. 2, n. 1, março, 2004. Disponível em: <http://www.lsi.usp.br/~roseli>. Acesso em: 18 jul. 2005.

FRANÇA, Cecília Cavalieri. **Composing, performing and audience-listening as simetrical indicators of musical understanding**. PhD Thesis, University of London/Institute of Education, 1998.

FREIRE, Paulo. **Pedagogia da autonomia**. Rio de Janeiro: Paz e Terra, 1997.

FRITSCH, Eloi Fernando; VICCARI, Rosa Maria; MORAES, Zeny Oliveira de. Desenvolvimento de Software Educacional para a Música: STR? Sistema de Treinamento Rítmico. In: SIMPÓSIO BRASILEIRO DE COMPUTAÇÃO & MÚSICA, 5., 1998, Belo Horizonte. **Anais...** Belo Horizonte, 1998. p. 209–217.

FRITSCH, Eloi Fernando. Software musical e sugestões de aplicação em aulas de música. In: DEL BEN, L. (org). **Ensino de Música:** propostas para pensar e agir em sala de aula. São Paulo: Moderna, 2003.

GARDNER, Howard. **As artes e o desenvolvimento humano**. Porto Alegre: Artes Médicas, 1997.

GIRON, Luís Antônio. **Jornal Folha de São Paulo,** Caderno Especial Página: Especial A–7, Edição Nacional: São Paulo, jul. 11, 1994.

GOHN, Daniel M. **Auto-aprendizagem musical:** alternativas tecnológicas. São Paulo: Editora Annablume, 2003.

GOIÁS. Secretaria de Educação e Cultura. **Programa Nacional de Informática na Educação (1997–2006):** Informática na escola/Goiás. Goiânia, 1997.

GÓES, Maria Cecília Rafael de. A abordagem microgenética na matriz histórico-cultural: uma perspectiva para o estudo da constituição da subjetividade. **Cadernos Cedes,** São Paulo, n. 50, p. 9–25, 2000.

GOULART, Diana. **Dalcroze, Orff, Suzuki e Kodàly semelhanças, diferenças, especificidades**. Disponível em: <http://www.dianagoulart. com/Canto_Popular/Educadores.html>. Acesso em: 08 out. 2003.

GREENFIELD, Patricia Marks. **O desenvolvimento do raciocínio na era da eletrônica:** os efeitos da tv, computadores e videogames. São Paulo: Summus, 1988.

GUBERNIKOFF, Carole. Três compositores brasileiros nos anos 70 e 80: Rodolfo Caesar, Gilberto Mendes e Almeida Prado. In: ENCONTRO NACIONAL DA ANPPOM, 8., 1996, João Pessoa. **Anais...** João Pessoa, 1996.

GRIFFITHS, Paul. **A música moderna**: uma história concisa e ilustrada de Debussy a Boulez. Tradução Clóvis Marques. 19. ed. Rio de Janeiro: Jorge Zahar, 1998.

HENTSCHKE, Liane; VICCARI, Rosa Maria. Desenvolvimento de software para educação musical: um projeto interdisciplinar. In: SIMPÓSIO BRASILEIRO DE COMPUTAÇÃO E MÚSICA, 6., 1999, Rio de Janeiro. **Anais...** Porto Alegre: UFRGS, 1994. p. 251–254.

HENTSCHKE, Liane. OLIVEIRA, Alda. A teoria espiral de Swanwick com fundamentação para uma proposta curricular: mesa redonda. In: ENCONTRO ANUAL DA ABEM, 5., 1996, Londrina. **Anais...** Londrina: ABEM, 1996.

HERSCHMANN, Micael. Mídia e culturas juvenis: o caso da glamourização do funk nos jornais cariocas. In: MENEZES, Philadelpho (org.). **Signos plurais**: Mídia, arte, cotidiano na globalização. São Paulo: Experimento, 1997.

INHELDER, Bärbel; CELLÉRIER, Guy (Orgs.). **O desenrolar das descobertas da criança:** um estudo sobre as microgêneses cognitivas. Porto Alegre: Artes Médicas, 1996.

JAPIASSU, Ricardo Ottoni Vaz. **Ensino do teatro nas séries iniciais da educação básica:** a formação de conceitos sociais no jogo teatral. Dissertação de Mestrado, ECA/USP, São Paulo, 1999.

KATER, Carlos. Editorial: música e musicalidade, percursos em suas fronteiras. **Cadernos de Estudo – Educação Musical**, São Paulo n. 1, Atravez, 1990.

KRAEMER, Rudolf-Dieter. Dimensões e funções do conhecimento pedagógico musical. Trad. Jusamara Souza. **Em Pauta**, Porto Alegre, v. 11, n. 16/17. p. 50–73. 2000.

KRÜGER, Susana Éster. **Análise de software de educação musical quanto a sua compatibilidade ao ensino do piano**. Monografia de Especialização em Educação Musical). EMBAP. Curitiba, 1996.

KRÜGER, Susana Éster, et al. In: **Desenvolvimento de Software para Educação Musical:** um Projeto Interdisciplinar. VI Simpósio Brasileiro de Computação. Rio de Janeiro, jul.1999.

______. **Desenvolvimento, testagem e proposta de um roteiro para avaliação de software para educação musical**. Dissertação de Mestrado em Educação Musical. Porto Alegre: PPGM/UFRGS, 2000.

LEITE, Andréa Andira (org.). **Novas Linguagens, Novas Tecnologias**. São Paulo: Centro Cultural São Paulo, 2008. (Coleção Cadernos de Pesquisa, v. 18). Disponível em: <http://www.centrocultural.sp.gov.br/cadernos/lightbox/lightbox/pdfs/Novas%20Linguagens%20Novas%20Tecnologias.pdf> Acesso em: 07 mai. 2013.

LUCHESI, Eduardo M; SEIDEL, S. Uso de software no ensino-aprendizagem de matemática. **Novas Tecnologias na Educação**. Porto Alegre. v. 2, n. 1, mar. 2004.

MABILDE, Arlette; LIMA, Cristiano Lopes. Alfabetização, aprendizagem e informática. **Novas Tecnologias na Educação**. Porto Alegre. v. 2 n. 1, Mar. 2004.

MÁRSICO, Leda O. (org.). **O canto na escola de 1º grau**. Brasília: MEC, 1978.

MANTOAN, Maria Teresa Eglér; PRADO, Maria Elisabette Brisola Brito; BARRELLA Fernanda Maria Freire. Logo e microgêneses cognitivas: um estudo preliminar. In: VALENTE, J. A. (org.) **Computadores e conhecimento:** repensando a educação. Campinas Unicamp, 1993. p. 234–256.

MANTOAN, Maria Teresa Eglér; MARTINS, Maria Cecília; MISKULIN, Rosa Giaretta Sguerra. Análise microgenética de processos cognitivos em contextos múltiplos de resolução de problemas. **Revista Brasileira de Informática na Educação**, Campinas, n. 3, 1998.

MARTINS, Maria Cecília. **Investigando a atividade composicional:** levantando dados para um ambiente computacional de experimentação musical. Dissertação de Mestrado em educação. FE/Unicamp, Campinas, 1994.

MILETTO, Evandro. Educação musical auxiliada por computador: algumas considerações e experiências. **Novas Tecnologias na Educação**. v. 2, n. 1, março, 2004.

MORAES, J. Jota de. **Música da modernidade:** origens da música de nosso tempo. São Paulo: Brasiliense, 1983.

OLIVEIRA, Marta Kohl de. Sobre diferenças individuais e diferenças culturais: o lugar da abordagem histórico-cultural. In: Aquino, J. G. (Org.). **Erro e fracasso na escola:** alternativas teóricas e práticas. São Paulo: Summus, 1997.

______. Ciclos de vida: algumas questões sobre a psicologia do adulto. **Educação e pesquisa**, São Paulo, v. 30, n. 2, p. 211–229, mai/ago, 2004.

OLIVEIRA, Alda; SOUZA, Jusamara. Pós-graduação em educação musical: resultados preliminares. **Revista da ABEM**, ano 4, n. 4, p. 61–98, set, 1997.

PAPERT, Seymour. **Logo:** computadores e educação. São Paulo: Editora Brasiliense, 1985.

______. A critique of technocentrism in thinking about the school of the future. **MIT Media Lab Epistemology and Learning Memo**, n. 2, set, 1990.

PAREJO, Enny. Uma educação musical para o terceiro milênio: iniciação e sensibilidade musical. In: **Pedagogia Musical Orff e novos paradigmas**. Dissertação de Mestrado em educação, São Paulo, PUC, 2003.

PENNA, Maura. **Reavaliações e buscas em musicalização**. São Paulo: Edições Loyola, 1990.

PIAGET, Jean. **A linguagem e o pensamento da criança**. São Paulo: Martins Fontes, 1993.

______. **A representação do mundo pela criança**. Rio de Janeiro: Record, 1978.

PIMENTA, Flávio. **Associação Meninos do Morumbi**, 2004. Disponível em: <http://www.meninosdomorumbi.org.br/entrada.php.>. Acesso em: 18 jul. 2005.

POWARCZUK, Edgar.   : o caso de um curso para empreendedores. Dissertação de Mestrado em Administração, Programa de Pós-Graduação em Administração da UFRGS, Porto Alegre, 2001.

RÊGO, Teresa Cristina. **Vigotsky:** uma perspectiva histórico-cultural da educação. Petrópolis: Vozes, 1995.

ROCHA, Elbio Cardoso. **O programa nacional de informática educativa:** ProInfo em Goiás. Dissertação de Mestrado em educação brasileira, UFG, 2001.

SADIE, Stanley. **Dicionário Grove de Música**. Rio de Janeiro: Zahar, 1994.

SCHAFER, R. Murray. **O ouvido pensante**. Tradução Marisa Fonterrada, Magda Silva e Maria Lúcia Pascoal. São Paulo: UNESP, 1991.

SERAFINE, Mary Louise. Music as cognition. **Psychology of music**, v. 18, n. 1, p. 99–103, 1990.

SOUZA, Maria José Araújo. **Informática educativa na educação informática:** estudo de geometria no ambiente do software cabri-géomètre. Dissertação de Mestrado. FACED/UFC, Fortaleza, 2001.

SOUZA, Jusamara; HENTSCHKE Liane; OLIVEIRA, Alda; DEL BEN, Luciana; MATEIRO, Teresa. **O que faz a música na escola?:** concepções e vivências de professores do ensino fundamental. Porto Alegre: Editora da UFGRS, 2002 (Série Estudos, 6).

SWANWICK, Keith. **Música, pensamiento y educación**. Madrid: Ediciones Morata, 1991.

______. **Ensinando música musicalmente**. Trad. OLIVEIRA, Alda de; TOURINHO, Cristina. São Paulo: Moderna, 2003.

ULHÔA, Martha (Org.). Dissertações de mestrado defendidas nos cursos de pós-graduação stricto sensu em música e artes até dez./1996. **Revista Opus**, v. 4, n. 4, Rio de Janeiro, ago, 1997.

VALENTE, José Armando. Por quê o Computador na Educação. In J.A. Valente (org.). **Computadores e conhecimento:** repensando a educação. Campinas: Unicamp, 1996.

______. Informática na Educação no Brasil: análise e contextualização histórica. In VALENTE, J. A. (org.). **O computador na sociedade do conhecimento**. Coleção Informática para a mudança na Educação. Brasil: MEC/SEAD, Brasília, 1999.

VALSINER, Jaan. **Culture and human development:** A co-constructivist perspective, 1993.

VASCONCELLOS, Vera M. R.; VALSINER, Jaan. **Perspectiva co-construtivista na psicologia e da educação**. Porto Alegre: Artes Médicas, 1995.

VIEIRA, Marisa Damas. **O fenômeno musical como um complexo de relações e elemento interferente nos grupos sociais:** O perfil dos estudantes de primeiro ano de graduação da UFG em relação à música. Dissertação de Mestrado, EMAC/UFG, 2004.

VIGOTSKY, Lev Semenovitch. **Pensamento e linguagem**. São Paulo: Martins Fontes, 1991.

______. **A formação social da mente**. São Paulo: Martins Fontes, 1998.

______. **Psicologia da arte**. Trad. Paulo Bezerra. São Paulo: Martins Fontes, 1999.

ZACHARIAS, Vera Lúcia Câmara F. **Informática, mitos e problemas**. Disponível em: <http://www.centrorefeducacional.com.br/informat. html>. Acesso em: 01 ago. 2004.

WERTSCH, James V. **Vygotsky and the social formation of mind**. Cambridge, Mass.: Harvard University Press, 1985.

WERTSCH, James V; HICKMANN, Maya (orgs.). Problem solving in social interaction: A microgenetic analysis. In: HICKMANN, M. (org.). In: **Social and functional approaches to language and thought**. Nova York: Academic Press, 1987.